Novas Atrações!

澳門旅遊新情報

2025~26 最新版

Leo@yoliving 著

知出版

推薦序一

西 DorSi

香港特別行政區律政司大灣區專責小組成員
旅遊暢銷書作家
YouTuber

又要再次跟 Leo 兄說聲不好意思。

話說 2024 年書展過後，我們籌備 2025 年新書時，我曾建議 2024 年年底我先出版一本介紹珠海的書，而 Leo 兄則緊隨其後出版新版本的澳門旅遊攻略。由於橫琴粵澳深度合作區的特殊地位，無論放在珠海或澳門內介紹也是十分合適，因此我就提議一起到橫琴踩點，再在各自的書中撰寫對橫琴各景點的體驗及評價，並由 Leo 兄於澳門一書中補充一些 2025 年年初橫琴的新變化。不過後來我再次因為工作太過繁忙，沒能履行承諾，是故讓他率先完成澳門著作，在此再次說聲抱歉。

在此亦很感謝 Leo 兄接納小弟建議，對新一年的澳門攻略作大刀闊斧的改革。2024 年版的《澳門》雖然內容十分精彩，但以香港人角度讀畢全書，總有點意猶未盡的感覺。或許是因為 Leo 哥初試啼聲第一次寫書，和 2023 年初次寫書的我一樣，被書名的「新」字所困，導致第一版的書大部分內容都聚焦於澳門的「新」；惟誠如澳門旅遊局早年的宣傳口號「感受澳門無限式」，這個城市有無限種體驗方式，無論新與舊也同樣吸引。所以我就姑妄言之，大膽提議 Leo 兄於新作多寫一些澳門老店。結果本書高達 90% 內容為全新編撰，更有不少 Leo 兄多年來的私心收藏寶藏小店，實是澳門深度遊不可或缺的盲公竹。

新書對比舊作的差異，也可以說是一個時代的見證。話說澳門一直以來給人的印象是以賭博業為先，但近年澳門特區政府致力擺脫此刻板印象，發展多元產業。舊作對各大博企旗下的渡假區新貌有較多介紹，新作則多了不少與文化產業相關的推介，可見澳門的轉型已見成效。因此本書特別適合厭倦了紙醉金迷世界，希望探索澳門深厚文化底蘊一面的人士，在此真誠推薦此書給各位讀者。

最後祝賀 Leo 兄新書洛陽紙貴，並借此文稍打個小廣告，希望各位可以支持一下小弟稍後出版的珠海攻略，也購買一本作參考之用 XD。

推薦序二

Myth 米夫

紀錄片《舌尖上的中國》及《風味人間》顧問
澳門美食廚藝學會理事長

記得二十多年前，印刷媒體盛行，不論報紙雜誌，每年總有幾次澳門美食特輯，找來美食達人覓食甚至暴食澳門。很多時候看見遊客拿着這種「天書」在街頭巷尾細細翻看，猶如一本武林秘笈在手，心中總會默默感謝這些報紙雜誌的編輯和記者。

2024 年年底，Leo 兄贈我一本由他親自採編的《澳門旅遊新情報 2024~25 最新版》，剎那間見他背後佛光如箭，身軀無限升高，我感動得做不出反應，甚至自慚形穢。

Leo 兄生於斯長於斯，對澳門小城充滿赤子之心，將自己所喜所愛的美食，以及歷史文化、景物、文創，細細記錄，情感滿載，閱讀之時猶如與摯友把手共遊，共嚐美食。時移勢易，手機當道，要將內容結集成書，實在古道熱腸，一書在手與一機在手，當不可同日而語。

如今，Leo 兄見好不收，繼續前進，第二本澳門旅遊書已經出版，在此言明請勿相贈，求讓我自掏腰包購買，聊表心意。

澳門政府推行「澳門有禮」運動，宣揚「旅遊大使，你我都是」，Leo 兄當之無愧。

推薦序三

三口八胃

澳門旅遊局「美食地圖」編輯
《華僑報》美食專欄「肥死而無憾」編輯
IG：obxxob

認識 Leo 大哥已經有十個年頭，這位大哥的參考價值太高了。他個性如外形般隨和，一雙靈動的眼眸猶如一個美食雷達，總能洞察藏在街頭巷尾中的滋味，而且還能與店主聊天聊到成為朋友，分享關於經營的樂趣與辛酸。

在《澳門旅遊新情報》中，有 Leo 帶你味遊澳門，尋訪美食，也暖了心窩。

此書收錄了平凡卻又充滿溫度的小店，從膾炙人口的美食到餐飲界的低調高手，由澳門土生土長的 Leo 以文字為你導航，未起動也足以回味無窮！

作者序

Leo@yoliving

這不是一本打卡清單，
而是一場深度的澳門旅遊探索

如果你翻開這本書，是為了找「澳門500個必去景點」，那我得先輕聲說句抱歉——這裏沒有密密麻麻的景點清單，但你會找到更值得收藏的東西：我對澳門旅遊的深刻體會，這是來自街頭現場、舊區弄巷的第一手觀察，寫下這座城市最貼近生活的一面。

這不是一本單點介紹的旅遊書，而是一本有「脈絡」的攻略。是的，我偷偷藏了四條旅遊線索，讓你不再是漫無目的的旅人，而是帶着任務、一步步升級的專業玩家。

第一條脈絡，
是沿着澳門輕軌玩遍城市。

雖然輕軌開通已久，但我身邊竟然還有土生土長的朋友問：「去永利皇宮要在哪一站下車？」別擔心，這本書不但告訴你怎樣搭乘，還幫你把沿線的景點、吃喝、玩法串成一條條旅行動線，不會錯過每一站的驚喜。

第二條脈絡，
是咖啡師下班後會去的咖啡店。

跟着澳門的專業咖啡師，探索他們最愛的隱世咖啡館。沒有浮誇裝潢、沒有網美牆，有的只是一杯能讓人安靜下來的咖啡，還有一種只有圈內人才知道的氣味——叫做「熟門熟路」。

第三條脈絡，
是嚹囉雞飯的進化論。

傳統嚹囉雞飯的三巨頭當然還在，但你知道嗎？現在有印度風味版、學生平價版，甚至素食版嚹囉雞飯也來參戰了。這條線索讓你吃出這道澳門名菜如何與時俱進，同時保持靈魂不滅。

第四條脈絡，
是煙花節的秘密觀賞地圖。

澳門燃放煙花的節日其實比你想像的多，這裏提供節日預測、地點攻略，還有提早訂位的貼士，讓你坐擁美食與美景，享受節日帶來的非凡體驗。

除了書本內容，整個澳門的旅遊氛圍在這一年也有翻天覆地的變化。

2024年年底，我開始寫這本書的時候，

澳門像個在人生交叉口徘徊的青年，整座城市都在想：「我們要轉型嗎？要繼續等客來？還是主動出擊？」而現在，答案似乎漸漸浮現：百花齊放、舊區新生。

你會看到，澳娛綜合如何在金碧坊以「母雞帶小雞」的形式帶動中小企業在新馬路開業，改善社區生活圈；又或是澳門美高梅的 Barra Team 與公關部的女將們，如何以一場又一場的精彩活動，活化媽閣輕軌站周邊，讓到站旅客一出站就感受到熱鬧與活力。這些努力，正慢慢重塑澳門的旅遊節奏。

橫琴，也不再是珠海的延伸，而是澳門的未來拼圖之一。

隨着「琴澳封關」，人流與物流更加自由，更多澳門品牌進駐，生活動線與旅遊軌跡開始無縫融合。想知道更多細節？橫琴的章節不會讓你失望。

在寫這本書的過程中，我很感謝有幾位好友同行。

西 Dorsi，是我探索橫琴與珠海時的重要夥伴。我們互相分享觀點、激盪靈感，他寫的珠海，會從另一個角度切入這個新區，將兩本書一起參照，你會看到更立體也更有趣的視角。

還有我在澳門美食界的兩位老朋友：三口八胃與米夫。每當我在某道料理的口味與背景間糾結時，他們總能以專業的見解與輕鬆的態度為我解惑。沒有他們的協助，這本書恐怕會少了幾頁真正動人的美食故事。

當然也要感謝本書的兩位廣告夥伴：得寶建築與博派娛樂製作。

可能你會好奇，為何一本文旅書不是由餐廳或酒店贊助？其實，澳門之所以精彩，不只是靠吃和住，亦有那些打造城市骨架的建築團隊與讓城市「有戲」的活動團體。他們不在幕前，卻默默為這個世界旅遊休閒中心提供了最關鍵的支撐與張力。

這不是一本教你「哪裏好玩」的旅遊書，而是一本帶你「怎麼玩得更深入」的旅遊筆記。

希望你看得開心，走得深入，玩得痛快。

我們書中見！

目錄

澳門巴士資訊可掃描右方 QR code。

分區地圖

珠海

花地馬堂區

港珠澳大橋珠澳口岸人工島

珠海口岸區

澳門口岸管理區

新城A區

聖安多尼堂區（花王堂區）

望德堂區

珠海

大堂區

風順堂區

澳門半島（北區、中區、南區、皇朝區）p.12

新城C區

嘉模堂區

氹仔 p.124

路氹 p.166

珠海

橫琴

路氹填海區

路環 p.214

澳門大學

聖方濟各堂區

橫琴 p.228

最新澳門旅遊須知

香港跟澳門近百年來關係密切，遊客只要帶備身份證，甚至只要一個港澳通關二維碼，口袋裏有充足鈔票，最好有張澳門通卡和一部粵港澳三地上網手機，便可以出發到港澳碼頭或港珠澳大橋口岸，乘船或金巴前往澳門。全程可以選擇自助通關，往返澳門和香港，如入無人之境。然而，我還是有些 2025 年的旅遊新情報與各位讀者分享。

港澳通關二維碼

香港居民的「港澳通關二維碼」可用於關閘、港珠澳大橋（港澳大堂）、外港碼頭、澳門機場、內港碼頭及氹仔碼頭出入境事務站的自助通道。澳門所有人工查驗通道、車道、合作查驗自助通道及横琴口岸的聯合一站式自助車道，不能使用「港澳通關二維碼」，必須使用實體證件辦理通關手續。

澳門市內交通

酒店接駁車

善用澳門酒店免費接駁車往來口岸與酒店，同一集團旗下酒店亦有接駁車互通。接駁車比較舒適，又可節省近百元的士費用，亦可釋放十分緊絀的的士資源。

酒店互通接駁車：星際酒店與澳門銀河、澳門金沙與威尼斯人、永利澳門與永利皇宮、新濠影匯與新濠天地及新濠鋒等。

公共巴士

澳門設有巴士在澳門半島、氹仔和路環行駛，班次頻密。車費每位 MOP$6，車上不設零錢找換，要自備硬幣、澳門通或 Mpay 乘車碼乘車。

網 www.dsat.gov.mo/dsat/

UBER 或網約車

澳門沒有 UBER 服務，唯一的網約車是「電召的士」，可致電 (853)8500 0000 或 (853)2828 3283 召車，或下載「電召 Plus」網上召車。

的士

電召 plus

的士收費首 1,600 米由 MOP$19 加至 MOP$21，之後每 220 米 MOP$2，停車候客每分鐘 MOP$2，放置在車尾箱之行李每件 MOP$3。

從澳門往路環，或在澳門國際機場的士

站、氹仔客運碼頭的士站、橫琴島澳門大學校區、橫琴口岸澳門口岸區、路氹邊檢大樓的士站和港珠澳大橋澳門邊檢大樓乘車，除了車資，另收附加費 MOP$8；氹仔往路環加收 MOP$2。由澳門往氹仔或由兩離島返回澳門，則毋須附加費。

支付方式

現金

雖然澳門仍然歡迎使用港幣和人民幣，不過現在很多商店為了方便計價，港幣、澳門幣和人民幣匯率都是 1:1:1，而且找贖都會找回澳門幣，所以為免吃虧，可預先準備足夠澳門幣零錢，或使用 Mpay、電子支付。

澳門通實體卡

澳門現絕大部分商戶都設有澳門通機台。

使用澳門通的好處是，乘坐巴士在一定時間內轉乘是免費的，而且通過實名認證後，即使遺失卡片，報失也有保障。

現在澳門輕軌也可以使用澳門通實體卡，但是沒有轉乘巴士優惠。

網 www.macaupass.com

澳門通可以在哪裡買？

可以在澳門通的三家門市，以及全澳的 7-11 和 OK 便利店購買，售價為 130 元，內有 100 元充值金額，30 元卡費不可退還。

澳門通可以在哪裡辦理實名認證？

現在憑可接收驗證碼的手機號碼便可在澳門通三家門市辦理實名認證，包括澳門、香港或內地的手機號碼。

澳門通實體卡最高能儲值多少？

澳門通藍色版實體卡最高儲值 MOP$1,000，紅色版澳門通支援 NFC 聯動 Mpay 雙向加值功能，最高可以儲值 MOP$3,000，又可以透過 NFC 觸碰手機儲值到 Mpay 之中，亦可以透過手機為澳門通卡增值。

2025 年 3 月澳門通推出「全國通卡」，除可在澳門使用，在香港以及內地各省市都可以像八達通一樣乘車及餐飲結賬，優點是在澳門使用不完的餘額可在香港及內地使用，缺點是在澳門使用是以澳門幣計算，在內地及香港會轉成人民幣計價，在香港使用會有匯率差異，但對使用人民幣的用家來說就很方便。

紅色版本會有 NFC 標誌以作識別。

電子支付

Mpay

澳門金管局正推行「聚易用」，同時整合多家銀行以及 Mpay 的電子支付，所以澳門大部分商戶都可以支援本地各種電子支付方式。

最新版本的 Mpay 已加入 Alipay +，可以讓 Mpay 在中、英、美、日、韓等 44 個地方使用。Alipay HK 亦可在澳門的 Mpay 機台中使用，不過請注意先設定使用地區為澳門。

澳門大部分商戶亦支援內地已綁定及開通境外支付的微信支付和支付寶。

澳門的士未必完全接受電子支付，部分只接受 Mpay 或中銀，所以還是準備點現金比較穩妥。

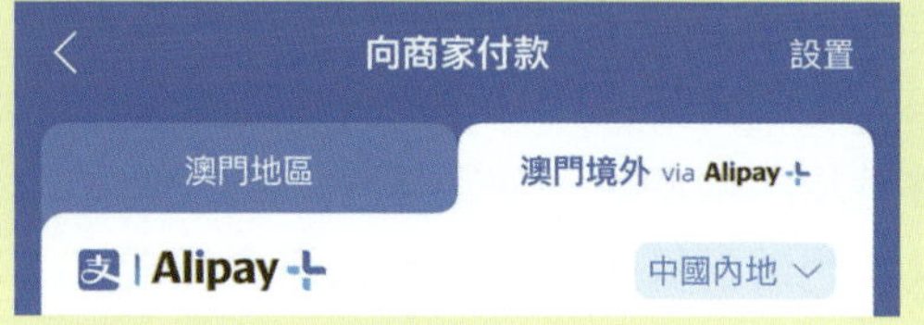

信用卡

澳門使用信用卡的場所基本上跟香港相近，甚至部分銀行的發卡中心也是設在香港，與香港共用同一套系統。

上網

除了酒店，澳門政府在全澳多個地點提供免費 Wi-Fi 上網，只要搜尋到載有 "FreeWiFi.MO" 的網絡名稱，並進行連線，即可不限連線次數享用每天累計不少於 30 分鐘的免費 Wi-Fi 服務。

澳門巴士亦有提供免費 5G 上網服務，只要在巴士上搜尋 "Bus-Free-WiFi"，按照頁面指示登錄便可上網。

除了以上免費方法，也可在各大口岸和便利店購買充值電話卡，可同時於澳門和內地使用。

訂酒店

一般旅行家

基本上澳門大部分酒店在携程、飛豬、agoda 上都可以搜尋到不錯的價格。

進階旅行家

常聽到澳門的旅行社會提供優惠價格，活力旅行社是其中一家，在這裏訂自助餐會比外面便宜幾十元，又或者有些限時又便宜的特別房型。不過我之所以稱為進階，是因為它有一定局限性，只有幾家合作酒店提供優惠，所以間中留意其微信朋友圈或手機 App，或有驚喜。

另外有酒店 Sales 透露，酒店官網有時推出的住宿套餐優惠會比平台划算，例如買二送一，買兩天多送一晚，又或者住宿送晚餐或演唱會門票等。

橫琴旅遊須知

交通

目前香港可以經陸路到達港珠澳大橋珠海口岸，或從港澳碼頭乘船到達珠海九洲港，再轉的士或網約車前往橫琴。

澳門目前有 4 個陸路口岸，其中橫琴口岸與青茂口岸支援一地兩檢，往內地時用回鄉證、返澳時用澳門或香港身份證，快速且方便。旅客若對巴士路線不熟悉，可善用酒店接駁車往返橫琴口岸。

關閘

址 澳門關閘廣場
時 06:00~01:00
交 酒店接駁車、巴士、的士

港珠澳大橋澳門口岸

址 港珠澳大橋澳門邊檢大樓
時 珠澳旅檢大廳：08:00~22:00，港澳旅檢大廳：24 小時
交 巴士、的士

橫琴口岸澳門口岸區

址 橫琴口岸澳門口岸區
時 24 小時
交 酒店接駁車、巴士、的士、輕軌轉巴士

青茂口岸

址 青茂口岸澳門邊檢大樓
時 24 小時（僅限符合條件的內地和港澳居民通行）
交 巴士、的士

上網（橫琴）

橫琴商圈之間比較廣闊，能提供 WiFi 的商家距離亦遠，若有電訊商的灣區數據計劃會比較方便。此外也可在澳門各口岸或便利店購買三地數據通用的點數卡。

有用 App

地圖

內地的地圖 App 具有網約車功能，例如在百度地圖搜尋相關地點後，便可召車，不過需先綁定電子支付。

百度地圖

酒店

攜程、飛豬、去哪兒旅行

飛豬

MAP

珠海
紀念孫中山
市政公園
關閘
邊檢大樓
拱北口岸
青茂口岸
澳門邊檢大樓
聖若瑟大學
澳門皇冠
假日酒店
北區
望廈炮台
望廈
迎賓館
普濟禪院
通訊
博物館
三盞燈
中區
白鴿巢公園
盧廉若公園
二龍喉公園
南區
大三巴
外港
客運碼頭
皇朝區
議事亭前地
伯多祿五世劇院
聖若瑟修院藏珍館
聖老楞佐堂
漁人碼頭
英皇
娛樂酒店
鄭家大屋
宋玉生公園
主教山
聖堂
海事
博物館
媽閣廟
南灣湖
西望洋
觀景台
媽閣
媽閣炮台
西灣湖
澳門輕軌
氹仔線
嘉樂庇總督大橋
西灣大橋
融和門
澳門
旅遊塔
往氹仔

往港珠澳大橋

澳門新城
A區

友誼大橋

澳門半島

以前很多人說遊覽澳門一天就夠，不過近年澳門在旅遊上發展出很多「支線任務」，例如現在遊完大三巴，會轉落關前街打卡，飲杯手沖咖啡，經過草堆街，看看近年修復孫中山先生行醫過的中西藥局，再順路去十月初五街的康公夜市。又或者吃吃澳門特色嚤囉雞飯，順便逛逛塔石藝墟，再看看附近的名人故居，晚上再品嚐街坊版的土生葡菜。這種多元的旅遊方式，或許正是官方所說「適度多元的世界旅遊休閒中心」吧！

交通

巴士 澳門現有 96 條巴士線往來澳門各區，推薦以下常用巴士線：
AP1（往來關閘、兩個客運碼頭及機場）
MT1（往來澳門機場、客運碼頭、氹仔市區及澳門市區樞紐）
MT4（往來氹仔碼頭至關閘，連通澳門三個島及多個景點，但車程較久）
22、25、33、26A（常用往返澳門市區及離島）

的士 澳門半島目前有三十多個的士站，分佈於各大博物館、酒店和醫院附近，另外也推薦幾個常用區域的士站，包括南灣大馬路（近澳門商業銀行）、嘉路米耶圓形地（近三盞燈）、提督馬路（近紅街市）、媽閣交通樞紐。

輕軌 隨着澳門輕軌媽閣站開通，只需 4 分鐘可到達氹仔海洋站。

❶ 一竜拉麵 ❷ Dino Land ❸ 葡味軒美食 ❹ 葡角餐廳 ❺ 無二湯包 ❻ vega vega 我行我素
❼ 金富輪美食 ❽ 彩香園咖啡美食 ❾ 螺絲山公園 ❿ 生輝撈麵 ⓫ 澳門通訊博物館

北區

北區筷子基是近年新一代食肆發展最快的區域，這一帶是 1940 年代造地填海而成，現已成為澳門內港的一個小港灣。1990 年代由木屋區慢慢轉型成大廈林立的新社區，也是當時很多工人和年輕人在此宵夜吃骨煲的大牌檔集散地，所以很有可能筷子基就是澳門骨煲的發源地。

近十年隨着配套完善的大型屋苑落成，新興食肆如雨後春筍般在筷子基南灣一帶林立，由綠楊花園休憩區至擎天半島一帶有百多家新興食店，葡、日、韓、廣東、福建、潮汕、台灣美食數之不盡。

近年澳門社會出現很多呼聲，希望加強推廣北區。其實北區有很多重要古蹟，如 1844 年簽訂《中美望廈條約》的觀音堂、刺殺亞馬留阿婆石，而且食肆無數，都以抵吃見稱，有我在頻道介紹的 17 元三餸飯，本書介紹的 40 元一餐葡國菜，也有民選[illegible]雞界天花板等。

交通

巴士		
巴士	1A、4、32、33	筷子基總站
	71S、101X、MT4	船澳街
	101X、1A、32、51A、5X、MT4、N2	俾若翰街 / 綠楊花園

2024 年 8 月
NEW MENU

一竜拉麵

一竜拉麵是**澳門首間引入北海道元祖蝦湯拉麵的專門店**。店中有多款原創拉麵，由麵條、叉燒至溏心蛋等，都是由料理長每日自製，承諾**絕不使用現成製品**，務求食材天然，風味獨特。

址 澳門觀音堂街 119 號祐喜大廈第二座地下 B
時 12:00~20:30
電 (853) 28525263 / (853) 66885448
交 巴士 12、17、18 至觀音堂站，5X、22、25、25B 至愉景花園站，28C 至福海花園站

白竜拉麵（醬油，MOP$85）

這裏「竜」字輩的都是蝦湯：白竜是醬油蝦湯、海竜是鹽味蝦湯、赤竜是辛辣味噌。蝦湯的蝦味很濃很鮮，但又沒有馬來西亞的蝦湯那麼高濃度，據介紹是用北海道南蠻海蝦和鮮蝦熬製，但不會太鹹，因為現代的北海道人比以前注重健康，也為迎合本地市場口味。

日式梳乎厘也是一竜必點之選，但是最好在點拉麵的同時一起下單，因為製作需時 25 至 45 分鐘。正因如此，現在澳門也沒有幾家梳乎厘專賣店。反而現在梳乎厘與拉麵搭配，讓人感覺沒有等那麼久。

其蝦湯底的鮮味在澳門一眾豚骨湯底拉麵店中脫穎而出，後來更研發出鰹魚湯底，兩種口味互相搭配，**走的都是海鮮湯底路線**。

不過我認為有三點跟日本拉麵店的做法不太一樣：第一點餐廳沒有提供紙巾；第二點是沒有提供冰水，只提供檸檬味水；第三點是一竜原本在高地烏街有一副品牌主打梳乎厘和特調咖啡茶飲，後來合併到拉麵店提供，有別於日本傳統只專注一種菜式。雖然如此，亦無阻我喜歡這家店的出品。

自家製醬油叉燒拉麵（MOP$80）

除蝦湯之外，一竜另一主要湯底是魚介湯底，有很濃厚的鰹魚味道。配料有叉燒、溏心蛋、海帶和紫菜，還有拉麵店很少用的蟹柳。湯內還有一勺秘製魚醬，令風味提升。

這裏的麵有粗幼兩種選擇，據稱用北海道進口的小麥粉每日製造，專為配合蝦湯而特製。店家建議我點粗麵，掛湯能力比較好，味道也較濃厚。第二天我也試了幼麵，其實也沒有幼多少，口感輕盈不易膩，我比較喜歡。

鰹魚醬油拉麵（濃厚、油脂，MOP$89）

如果喜歡濃厚風味，一竜亦把他們的魚介湯再升半級，製成鰹魚味更濃的鰹魚醬油拉麵，配料有黑胡椒、葱花、叉燒和溏心蛋之外，更加入澳門特色——葡國沙甸魚，在鰹魚湯底的襯托下毫無違和感。

日式煎餃子（MOP$38）

拉麵的最佳拍檔就是餃子，一竜有提供兩款餃子，一般的日式煎餃和素食的椎茸蔬菜餃子。

黑糖蕨餅和大福（MOP$28）

蕨餅的主要原料是由蕨類植物提取出來的澱粉製成像茶凍的糕點，通常加上黑糖，外面再裹上黃豆粉或抹茶粉，而一竜的是黃豆粉口味。大福就像日式的麻糬，裏面是紅豆餡。

檸檬鬆餅（MOP$78）

一竜目前供應六款梳乎厘，更不時推出期間限定版。我比較喜歡檸檬口味，因為剛吃完濃味的拉麵，梳乎厘酸甜的味道可以取個平衡。梳乎厘厚鬆餅蛋香四溢，配上香甜的雲呢拿雪糕，冷熱交融，口感豐富，但我最喜歡那片檸檬上的焦糖，把它切碎拌雲呢拿雪糕一起吃，能把味道提升一個層次，個人十分推薦！

京都抹茶雪糕鬆餅（MOP$88）

另一款我推薦的鬆餅，原因有兩個，第一是我認識很多抹茶控朋友，所以在此推薦給他們；另一原因是它集合了多種京都名物，除了淋上抹茶糖漿的鬆餅外，還有抹茶雪糕、奶油、紅豆以及黑糖蕨餅，所以點了這個就不用再點黑糖蕨餅和大福了。這款鬆餅比較有飽足感，如果覺得拉麵的分量不夠，除了可以要求店家加麵，還可以來一個鬆餅果腹。

近年火紅的 Dino Burger 擁有「澳門 Burger 界天花板」的美譽，原來 Dino Burger 的不同分店有不同定位，它位於塔石與氹仔的分店，由於是遊客集中的區域，所以只提供外賣，不設堂食。(詳細介紹見中區 P.38)

2025 年 1 月 OPEN

DINO LAND

址 澳門林茂巷 8 號（澳門港灣大酒店地面層）

時 09:30~19:00

交 巴士 1、3、4、6A、26A、33、71S、101X、MT4、N1A 至沙梨頭街市站

Dino Land 的裝潢也講究，因地處林茂巷的澳門港灣大酒店地面層，沙梨頭街市（水上街市）旁邊，所以設計上加入很多海港元素，例如店內有一個由纜繩纏繞纜樁的椅子。

Mini Burger Set（MOP$101，限定優惠 MOP$88）

迷你漢堡套餐與 Rollco 是這家店獨有餐單，目前有限定優惠價 MOP$88。套餐可以一次過品嚐 Dino 的兩款招牌漢堡：迷你花生醬和牛漢堡和經典和牛芝士漢堡。

Dino Land 還有與其他分店不一樣之處，就是這裏提供 4 款咖啡，而其他店只提供罐裝或瓶裝飲品。

2025 年 Dino 在民生區開設了一家完全不同定位的主題店，遊客相對少，亦是**首家 Dino 設有座位**；營業時間提早至早上 9 點半，與其他店 11 點半才營業是不一樣的模式；就連出品都與其他 Dino 分店不一樣，**目前只提供迷你漢堡**，並沒有其他店的正常尺寸版本。Dino Land 可說是 Dino Burgrer 一次大膽的新嘗試！

迷你花生醬和牛漢堡加入了特調花生醬汁、煙肉、車打芝士以及和牛漢堡扒，味道濃郁，與清爽的和牛芝士漢堡形成味覺反差。

經典和牛芝士漢堡用上新鮮番茄、蔬菜、醃青瓜、車打芝士以及和牛漢堡扒，是近三十年的經典做法。

Rollco No.1（MOP$68）

Rollco 是燉牛肋芝士卷，配料有牛油果醬、酸忌廉、莎莎醬、洋葱與芫荽，再看看它的賣相，有點像美國南加州很流行的墨西哥小吃 Rolled Taco，可能這款 Rollco 就是受 Rolled Taco 所啟發而合成的新字。不過 Rolled Taco 用的是粟米脆餅皮，而 Rollco 則用廣式春卷皮，包上和牛肉餡料，是非常創新的食法，所以 Rollco 不僅是 Rolled Taco 的 Roll ，更是 Spring Roll（春卷）的 Roll。

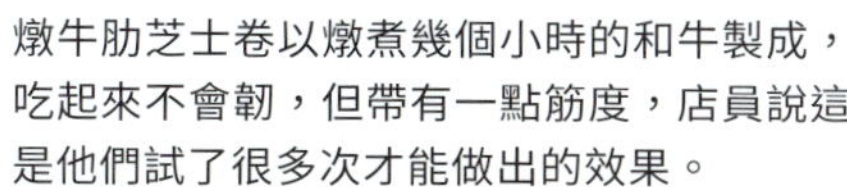
燉牛肋芝士卷以燉煮幾個小時的和牛製成，吃起來不會韌，但帶有一點筋度，店員說這是他們試了很多次才能做出的效果。

ROLLCO No.2

Dino 也為 Rollco 研發出 No.2，雖然同樣是燉牛肋芝士卷，但最大區別是以辣味莎莎醬為主要特色，搭配馬蘇里拉芝士、自製牛肉醬、洋葱與芫荽。

有人認為葡國菜就算不是 Fine Dining 也該是上館子的正餐，想不到葡式餐飲文化早已在澳門人的生活中深入骨髓，地道茶餐廳開得成行成市。不過我今次想突破大家想像，介紹一家葡國菜三餸飯，**只需 MOP$40 就可以吃一頓地道的葡國菜**。

葡味軒美食

址 澳門高地烏街 37 號
時 11:30~20:30
休 週六
交 巴士 8B、12、17、18、23、28C 至觀音堂站，5X、22、25、25B、56 至愉景花園站

紅豆豬手（MOP$40）

湯汁呈橙紅色，豬手連筋連皮，煮得入口即化，配上紅豆、椰菜等蔬菜取個平衡，唯肉比較少，要以紅豆湯汁拌飯。

紅酒牛尾（MOP$50）

也是經典葡菜，以紅酒、蘿蔔、薯仔燜牛尾，牛尾很大塊，夾雜着脂肪和肉，卻不連皮。要知道連皮的牛尾不好找，大吉慶的連皮牛尾是老闆四哥特別找供應商才有（見大吉慶的篇章）。這款紅酒牛尾，蔬菜比較少，部分薯仔更和醬汁溶在一起，湯汁濃郁，很下飯。

大雜燴（MOP$40）

這是土生葡菜一道過年菜，用豬手、豬皮、臘腸、臘鴨等食材煮一個晚上，再加蘿蔔、椰菜吸收其味。葡味軒所用的豬手有筋有肉，不會只有骨頭。這道大雜燴偏清淡，蔬菜和肉的比例平衡，甚麼都有，適合有選擇困難的朋友。

葡味軒美食是一家葡國菜外賣店，說它是三餸飯其實也不正確，它只提供一餸飯，每款菜式連白飯 MOP$40 至 MOP$50 不等，亦有 MOP$30 一客馬介休炒飯，MOP$8 一個馬介休煎餅，MOP$5 一碗雜菜湯，非常划算。

店主早年曾在香港、英國、歐洲各地廚房工作，疫情期間回流澳門並開設葡味軒。由於當時正值不能堂食，他這家外賣店反而大排長龍。現在雖然回歸平靜，但它的性價比和味道仍受街坊讚賞，午餐時段有不少學生和上班族來光顧。

西洋牛筋腩（MOP$40）

老闆說這是招牌菜，深受葡國客人讚賞。牛筋的分量很多，牛腩也很大塊，湯汁用大量薯仔、蘿蔔、椰菜煮成，能吃出蔬菜甜味。這道西洋牛筋腩的肉雖然多，但蔬菜的分量也不少，對外食族來說不怕缺乏蔬菜，唯牛腩切得大塊，咬起來比較累，但牛筋入口即化。

葡國雞（MOP$40）

這是簡化版的葡國雞，以黃薑粉、薯仔、蘿蔔勾勒出葡國雞的基本概念。雖然它沒有傳統葡國雞那濃厚的椰漿、椰絲、水欖、雞蛋等豪華搭配，不過它有茶餐廳也無法做到的 MOP$40 體驗價，何妨給附近街坊和中小學生多一個選擇？

馬介休煎餅（MOP$8）

店主介紹這道菜是全澳獨家，看起來就像是把馬介休球壓扁來煎，但吃起來比馬介休球脆，也比較不膩。餡料除了馬介休和薯仔，還有葱和洋葱，有馬介休的鹹香，也帶點甘香。MOP$8 一大塊，三塊才 MOP$20，可以作為小食，又可以加餸。

葡角餐廳

址 澳門飛喇士街寶翠花園（利星閣）
時 週一至六 12:00~14:30
電 (853)2823 4488
交 巴士 1A、4、32、33 至筷子基總站，71S、101X、MT4 至船澳街，101X、1A、32、51A、5X、MT4、N2 至俾若翰街 / 綠楊花園

個人覺得葡角餐廳就像筷子基區裏的螢火蟲 —— 因為它是扶康會為精神復康人士提供一站式訓練的葡式餐廳。餐廳**推崇健康及營養均衡飲食**，菜式少鹽少油，無添加味精，以天然調味料取代化學添加劑。同時為了保持餐點新鮮及不浪費食材，餐廳內**所有餐點均為限量供應**，同時每兩個月更換一次菜單，處處體現出他們務求服務和食物維持在高品質水平。

會長葡國雞飯（單點 MOP$50 / 套餐 MOP$60）

由於扶康會的創會會長是葡國人，所以這道葡國雞飯冠以會長之名，用會長家中秘方製作。MOP$60 的套餐就有一大缽，還配有雜菜湯、麵包和店家自行烘乾的蘋果乾茶。濃濃的葡汁配有雞蛋、大塊雞件，味道是那種家庭式味道，深得一眾街坊及上班族支持。

餐牌上的套餐，每一款都是葡角餐廳的經典名菜，週六更有葡國乳豬飯，雖然要MOP$128一客，但我見現場客人的詢問度也很高，甚至有人預訂MOP$780整隻乳豬回去。

探店當天是平常的上班日，但因為客滿，我被帶到近門口的一人座位。看着身旁的烤蘋果機，我好奇問問侍應，他告訴我烤乾的蘋果邊角料是用來沖免費的蘋果茶，蘋果乾則用來做餐後甜點，亦可以在禮品部購買。

一進入餐廳侍應就跟食客熱情的打招呼並安排座位，還有機械人協助送餐。我知道這種五星級的服務背後是有高人指點，過去澳門美高梅的餐飲團隊有為他們進行接待培訓，而美高梅的廚師亦有傳授一些甜點的製作技巧，這令我想起之前網上有爆紅的澳門美高梅主廚級炸雞，現在這裏則有澳門美高梅主廚級的社企葡國餐，多了一份人文關懷。

禮品部對面還有一個小角落出售澳門美高梅捐贈的房間沐浴露、洗髮水和護手霜作為機構補貼，一套三支才MOP$15，如果家裏剛好合用，在這裏購買既划算又可以行善。

葡角餐廳還有不少自家製產品，我最推薦的是無花果蜜原漿，無花果蜜是葡國特產，亦是我小時候沒有很多國際食品品牌進駐之前，在澳門常喝到的味道，而扶康會的無花果蜜原漿是由創會會長飛迪華女士妹妹親授熬製方法予學員，我也自購了回家沖水飲用，味道清甜，夏天解暑，秋冬滋潤，一年四季飲用皆宜。

址 澳門筷子基快達樓地下
時 10:00~21:00
電 (853)2847 3661
交 巴士 1A、4、32、33 至筷子基總站

此店原來是澳門原創品牌，菜單上五款小籠包除了招牌鮮肉小籠湯包、蟹黃小籠湯包和蝦仁鮮肉小籠湯包是傳統口味，另外的菌菇鮮肉小籠湯包和海苔小籠湯包則是原創口味。

最近經過筷子基的快達樓，總會被「無二湯包」這幾隻字吸引，澳門能吃到小籠湯包的地方有很多，但專門做湯包的地方印象中不多。有次好奇入內一試，簡單的店面，簡單的湯包吃得我很舒服。到底怎樣是舒服？只要那個湯包的色、香、味、溫度、用餐過程能讓我感到愉悅，就為之「舒服」。可惜我不是上海人，不然我會大叫「呀～那是我們小時候城隍廟門口的味道」，不過這湯包的手工和味道已經很不錯了。

蟹黃小籠湯包（MOP$58）

湯包要做到皮薄而且內裏掛湯，入口時微微燙嘴，這便是讓我感到舒服的湯包，可惜這個要求已經可以淘汰很多店家了，現在很多店舖會用小碟或者錫紙托着湯包，就是怕湯汁漏出來。後來經媒體朋友打聽，原來這裏的廚房由資深的江南湯包老師傅主理，麵粉的比例和韌度都掌握在自己手上，所以湯包的皮薄而湯汁不漏。

另一道招牌菜**鴨血湯粉絲**（MOP$39）是南京小吃，主要材料有粉絲、鴨血、鴨腎及豆腐卜，最後灑上芫荽。粉絲量很多，湯頭很清，喝完不會口乾；特別提這一點是因為我喝過別家的會口乾，所以比較在意。

店舖走的是現代簡約混搭露營風，處處可見文創小物、環保用品，還有寵物友好等元素加持。這位店主除了素食厲害，也善心滿載。

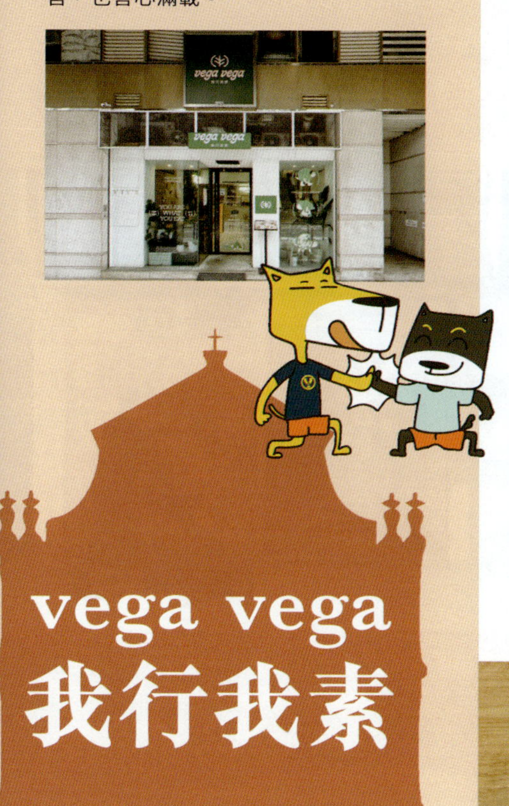

vega vega 我行我素

址 澳門東北大馬路 661 號
時 12:00~21:30
電 (853)2841 3636
交 巴士 3AX、27、30、34、51A、102X、AP1、MT3 至東北大馬路 / 保利達站，或巴士 2A、7、18A、27 至東方明珠總站

你對齋菜的印象還停留在青菜豆腐、少油少鹽？那你真的要來「我行我素」吃吃看。他們的理念很直接：「打破對素食的傳統想像，食素都可以好有型！」這句話不是說說而已，實際上他們把素食做得完全不着痕跡，如果沒為意，我可能以為走進了台式簡餐店。

看看餐牌，鹽酥雞、紅燒牛肉麵、藥膳薑母鴨湯……完全不像是素食餐廳的出品，細看才發現，這裏的「雞」是猴頭菇，還貼心地標註每道菜是否含蛋、奶、五辛，甚至能否去除，細緻程度令人佩服。

手製台式鹽「素」雞（MOP$55）

接下來是鹽酥雞——不，是鹽「素」雞。一樣有蒜粒和九層塔搭配，用的依然是猴頭菇，每一口都能咬到實在的纖維感，完全不輸給真雞。

素摩囉雞扒（猴頭菇）飯（MOP$68）

這道菜在澳門很常見，但素食版少之又少。用猴頭菇炸成「雞扒」，外層脆得像蛋殼，裏面的纖維一絲一絲，幾可亂真。再配上濃香咖喱，口腔瞬間升溫。連飯也不馬虎——黃薑飯加上炒蛋粒和提子乾，薯仔酥脆香辣，吃得超爽！

黑松露雜菌薄餅（MOP$108）

餅皮脆得像餅乾，帶點梳打餅的甘香，中間鋪滿菇類配料、番茄醬和拉絲芝士，但真正的主角是那滿滿的黑松露醬，香味濃郁撲鼻，還沒入口就已經大大加分。

北區精選推介

位於北區黑沙環望廈的金富輪美食一直以來都以街坊及附近上學的學生為主要客源，所以價格相當親民，近日再次受到注目，是因為其出品在澳門嚤囉雞飯關注組中獲得好評而吸引組員慕名而至。

金富輪美食

址 澳門望廈黑沙環斜路望廈新村第 2 座
時 07:00~16:00
電 (853)2848 2881
交 巴士 2、6A、10、10X、34 至慕拉士馬路望善樓站

前往金富輪美食的交通十分方便，附近學校的學生一般徒步而至，大眾就可乘巴士直達門口。

大家讚賞金富輪嚤囉雞飯的炒飯夠乾身，上面有少量火腿絲、提子乾及大量蛋絲。咖喱汁不會很辣，但很香，還帶點酸甜，可能是加了提子乾和紅蘿蔔一起煮，不會太膩，整體吸引。

嚤囉雞飯可選擇雞腿或雞扒。

四十多元的雞飯還有例湯奉送，價格迎合街坊及學生消費。

彩香園咖啡美食

址 澳門華大新村第三街 36 號
時 07:00~18:00
電 (853)2843 5944
交 乘坐酒店接駁車或巴士 1、3、3X、3T、10、17、17T、25、25B、27、30、34、51A、61、AP1、MT4 等至關閘總站

澳門近年掀起一陣嚤囉雞飯熱潮，所以有些隱世老字號重新浮出水面再進入大眾視野，而彩香園咖啡美食的嚤囉雞飯亦被食客列為教科書級別。

彩香園咖啡美食存活在澳門近 50 年，據店家介紹由木屋時代做起，雖然由北區關閘前往，步行只需 5 分鐘，不過如果不認真找並不容易找到，皆因位處樓梯底不太顯眼的死角位。過去食客以北區街坊或過路客為主，現在則以一客爭氣的嚤囉雞飯令食客慕名而至，讓各路網紅爭先探店。

嚤囉雞飯（MOP$46）

彩香園的嚤囉雞飯配料十分簡單，就是火腿絲、葡萄乾、炸雞腿以及炒飯。究竟彩香園嚤囉雞飯的致勝關鍵是甚麼呢？第一是飯夠乾身，用黃薑粉炒成，帶點像咖喱般的香辛料香味和辣味。醬汁是比較偏辣令人微微冒汗的程度，有一種像椰蓉的沙沙質感。雞腿皮脆肉嫩，綜合以上因素，因而獲得食客所推崇。

老火例湯（MOP$13）

雖然在部分食店吃飯會免費配例湯，而彩香園需要另加錢，不過亦算真材實料。

螺絲山公園

螺絲山公園對旅客來說是一個小眾景點，因古時的山體形狀像一隻石螺而得名，十九世紀末葡人在此建立花園，但從外表看不出已有百多年歷史。山頂上建有螺旋形小觀景台，就像一顆大螺絲，從此螺絲山之名更是深入民心。

址 澳門新雅馬路與亞馬喇馬路之間
時 06:00~00:00
交 巴士 2、2A、6A、18、18A 至新雅馬路 / 母親會站

它還有一個比較少人知道的別名，就是「馬交石公園」，因為與馬交石山相鄰，與馬交石炮台相距 5 分鐘步行距離，詳情請參見後面澳門通訊博物館介紹。

我推薦這個公園的原因是這裏是澳門民生區至北區一眾景點之間的重要樞紐，如果參觀完普濟禪院（觀音堂）、通訊博物館、馬交石炮台、海角遊魂、髮夾彎，這裏提供了中途歇息的好地方。

公園每個角落皆設有多張椅子甚至餐桌，給予遊人使用。其椅子之多，堪稱澳門公園之最。

螺絲山公園除了連接多個景點，四周更被三家中小學及公共機關圍繞，每到午餐時段，這裏提供一個多功能的公共空間，讓附近的市民和遊人歇息。

公園內亦有免費的兒童遊樂設施及成人健身區域。

公園內不難找到這種提供潔淨水的洗手池。

公園南門（亞馬喇馬路）設有洗手間。

螺絲山公園設有兒童電動車場，開放時間每日上午 8 點至晚上 8 點，收費每十分鐘 MOP$5。

我在前文「葡味軒美食」介紹過葡國三餸飯，澳門居民可以把外賣帶回家中、學校或公司享用，旅客就可以像我帶來螺絲山公園，以山林為伴，野餐的儀式感滿滿。園內備有餐枱以及清洗設施，實在便民。不過澳門夏季比較炎熱，還是建議在涼快的日子來野餐。

原來螺絲山是澳門一塊風水寶地，有文獻記載，古時的澳門居民相信，螺絲山、望廈山、白鴿巢的鳳凰山以及東西望洋兩山形成五獅抱球的風水格局，所以在螺絲山旁有名剎觀音堂、新西洋墳場，亦有伊斯蘭清真寺及墳場。

生輝撈麵

址 筷子基和樂街 58 號白朗古將軍街 4 號地下
時 06:30~18:00
休 逢每月 2 號、16 號
電 (853)2822 2732
交 巴士 1A、4、32、33 至筷子基總站，1、9、9A、23、25B、N1A 至白朗古將軍馬路站

這是一家位於筷子基的隱世小店，我說的隱世並不是那種推銷口吻的隱世，而是地理位置不好找，雖然位處旺區，就在筷子基巴士總站與旅遊勝地逸園賽狗場之間的內街，從白朗古將軍馬路（逸園賽狗場對面）過去會比較好找，但即管我描述得如此詳細，對初次到訪的客人應該也不好找，甚至會被門前的修車行所迷惑而把廚房後門當成正門。

生輝撈麵的門面擔當當然是撈麵，一般食客都會推薦這裏的咖喱腩撈粗麵（MOP$32），牛腩入味，咖喱比較辣，對喜愛吃辣的朋友會覺得很過癮，麵的質地很爽口。

白朗古將軍馬路逸園賽狗場。

不過我認為隱世也是優點，它位於民生區，主要做街坊生意，連澳門人也不一定知道，遊客就更少，不用忍受網紅店的大排長龍就能嚐到在地味道，菜式價錢也合理。如果你是熟客，店員都會記得用餐喜好。這裏的出品和味道都很有在地特色，也能體驗澳門鄰里間的人情味。

對於熟客，店員會推薦他們吃魚餅撈麵（MOP$36）！提到魚餅，很多人會想起順德的均安魚餅，但這裏用的是潮連魚餅。潮連是江門市與中山古鎮之間的江中小島，面積比澳門半島大一點點，可能四面環江的關係，他們製作的魚餅也是當地特產。由於生輝撈麵老闆的家鄉是潮連，所以把家鄉魚餅混入菜式之中。之前在均安試過幾家有名的魚餅，尺寸比較小，而這裏的魚餅有如小漢堡扒的大小，煎得乾身和脆，中間有少許彈牙，而且不會有魚腥味，配原來的撈麵醬汁或請店員給一點甜酸醬會更好吃。

生輝撈麵的炸雲吞（MOP$48）也是與別不同，鮮蝦和豬肉幾乎露在外面，每個都炸得如金色向日葵般在碟中綻放，老闆一個個小心輕炸，不只好看，吃起來蝦肉的質感和彈性都比較明顯。一般的炸雲吞會用雲吞皮或春卷皮，而這裏是用蛋散般的脆皮，口感特別。雖說生輝的炸雲吞與別不同，但並不是前無古人，這跟澳門廿載前一檔失傳已久的路邊攤很類似，不知兩者有何淵源，但這種炸法確實別樹一格。

如果喜歡雞扒，這裏的雞扒比較厚身和多汁，分量大塊，改成雞扒菠蘿包，感覺更滿足！

生輝撈麵另一吸引我的是豬扒蛋菠蘿包（MOP$32），這裏與文記的花生醬豬扒菠蘿包的賣點不一樣，文記的花生醬豬扒菠蘿包是經典組合，生輝的豬扒菠蘿包（MOP$25）是由食客自行搭配，皆因豬仔包與菠蘿包同價。這款豬扒蛋菠蘿包是沒有加任何醬，所以我在豬扒菠蘿包上加了煎蛋，以豐富口感和味道。

想簡單點亦可以嘗試火腿蛋菠蘿包（MOP$20）。

這是十分小眾的博物館，但由於靠近前文提及的螺絲山公園，如果想在這一區遊覽，澳門通訊博物館和旁邊的馬交石炮台可以一併列入行程。

由於這一區域是澳門格蘭披治大賽車東望洋跑道中最險要的髮夾彎路段，所以在賽車期間，這一帶會被圍板封鎖，暫停開放。

澳門通訊博物館

址 澳門馬交石炮台馬路七號
時 09:00~17:30
費 免費入場
交 巴士 2、2A、6A、18、18A 至新雅馬路 / 母親會站

廣播電台與電視直播是現代通訊重要一環，所以二樓設有電視直播的器材，參觀者可以透過操作電視台的攝影機體驗直播，「攝影師」更可切換綠幕背景，真實模擬電視台直播時的操作，最後更可把直播時的畫面打印出來留念。

從螺絲山公園前的南門（鮑思高粵華小學對面）沿着綠樹成蔭的馬交石炮台馬路一直上，就會見到隱蔽的澳門通訊博物館以及通往馬交石炮台的步行徑。

澳門通訊博物館創立的目的是為了服務澳門市民，尤其是中小學生，提倡集郵文化，推動普及電訊科學和技術，與及成為在電訊領域中讓參觀者藉以互動、探索、實驗、滿足和發展潛能的博物館。

澳門通訊博物館樓高兩層，加上地下室，共劃分三大功能區域，地下室主要是大廳、多功能活動室、演講廳與商店等多功能區域。

一樓是與澳門郵政發展史相關的區域，以不同展示形式讓觀眾從不同面向了解澳門郵政，包括介紹郵政局歷史的大型壁畫。也透過幻燈片、視報機、鐵罐電話等了解通訊技術的發展。

一樓展示不少集郵藏品，有澳門郵票的原稿，亦有來自世界各地的郵品。

增遊：馬交石炮台

始建於 1852 年，位於澳門馬交石山山頂，是澳門唯一以吊橋為入口的炮台。昔日放置一座可 360 度旋轉的大炮，輔助望廈炮台防守澳門半島東北面地區。炮台為不規則六邊形建築，正門以中世紀式的吊橋連接，進門之後是一條帶拱頂的走廊，兩側有射擊孔，再後有迴廊，設有火藥庫和小水池。炮台北面為一平台，上置大炮。整個炮台面積不大，在上面可飽覽澳門外港碼頭一帶景色。

一樓展區設有迷你影院、模擬飛行器、郵政人員角色扮演遊戲、郵品製作等，讓參觀者身歷其境體驗郵政工作。

二樓是互動和實驗性質較強的區域，跳出郵政服務是信紙、信封和郵票的固有思維。這層名為「電訊展區」，展出與郵政局歷史發展相連的電訊設備，廣集以電磁、靜電、直流電、交流電、電報、電話、無線電廣播、資訊處理、傳輸、模擬電子和數碼電子為主題的科學展品，並介紹由電報機到 5G 通訊的相關技術和藏品。

二樓一隅設有電子工作坊，可以作為教學與實驗用途。

澳門菜小知識

來到澳門美食之都，可能聽過很多菜名，但不知道是甚麼；很多餐廳、茶餐廳、咖啡室都說自己做的是葡國菜，究竟澳門的葡國菜是怎麼分類？甚麼是土生葡菜？甚麼是澳門骨煲？在這個章節就跟大家科普一下澳門菜的小知識。

澳門葡國菜的三大家族

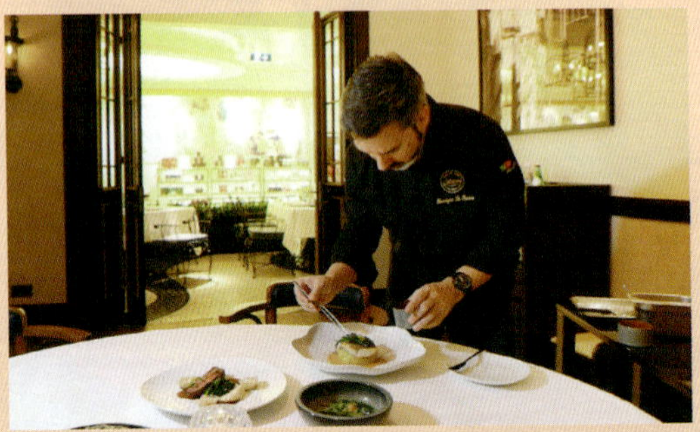

米芝蓮二星名廚 Henrique Sá Pessoa。

正宗葡國菜：原汁原味

指在 450 年前葡萄牙人來到澳門所做的葡國菜，還有後來從葡萄牙成長的人，之後來到澳門所做的葡菜。這些葡國菜在烹調手法、用料和調味都因為主廚的成長經歷而根深柢固，並沒有因為澳門的風土人情而改變，所以是最正宗的葡國菜。本文中的葡國美食天地，以及澳門倫敦人請來葡萄牙米芝蓮二星名廚 Henrique Sá Pessoa 坐鎮的希雅度葡國餐廳都是屬於這一類。

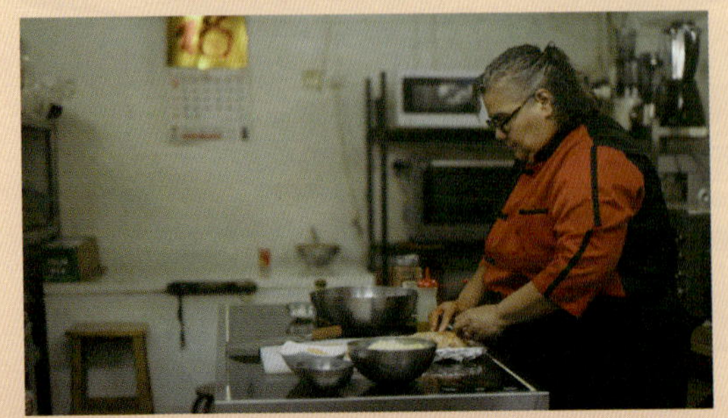

土生葡人 Anna 是「老地方」的主廚。

土生葡菜：葡萄牙與澳門的混血兒

這是經典的「本地葡式混搭」，是葡萄牙人在澳門落地生根、娶妻生子之後，用本地材料和口味做出來的新葡國菜。像是葡國雞、非洲雞、嚒囉雞飯這些就是充滿澳門 DNA 的代表作，傳統中又帶創新。

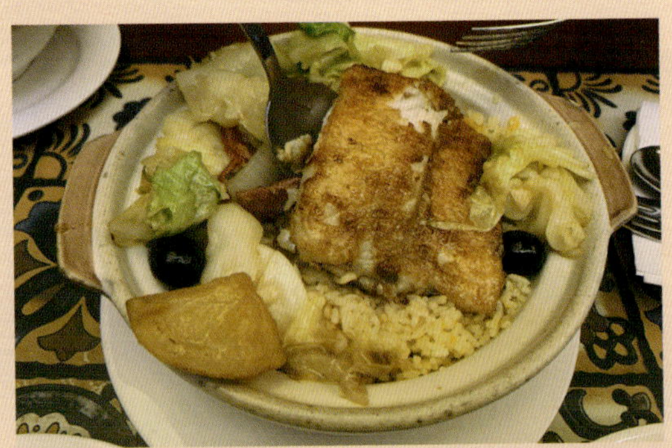

模仿系葡菜焗魚飯。

模仿系葡菜：沒有血緣

這些是「觀摩派」，本地人靠着吃出來的記憶或 YouTube 食譜自創菜式，可能 99.8% 像，也可能只得個菜名，但好吃就是了，畢竟料理界沒有標準答案。Joe 哥（澳門葡菜界的一把刀）說得好：「三種沒高低之分，重點是誰做得好吃！」

馬介休不是馬，也不是鹹魚

馬介休是在澳門餐單裏常會出現的食材，常見菜式有西洋焗馬介休、薯絲炒馬介休、炸馬介休球、白烚馬介休、馬介休炒飯等。「馬介休」其實是葡國鹽醃鱈魚（Bacalhau）的音譯，以前船上沒冰箱，這種鹽漬鱈魚耐放又有營養，是葡萄牙人的寶。

但別以為它是「葡式鹹魚」，因為葡國人處理馬介休和廣東人對待鹹魚有很大不同，真正的做法超講究：浸水三天、換水三次，有些還要泡牛奶讓魚肉變得鮮嫩彈牙。這就是為甚麼 Joe 哥說：「只要知道工序多麻煩，就會心甘情願付錢吃啦！」

澳門骨煲是甚麼？

「肥仔俠」的骨煲材料豐富又豪華，用吸管方便吸食骨髓。

澳門骨煲不是花巧的新潮火鍋，也不是矯揉造作的中菜西做。它是九十年代工友下班後在青洲、筷子基大牌檔裏最簡單直接的慰藉。一鍋白胡椒湯，躺着幾條粗壯的豬筒骨，旁邊伴着雞腳、冬瓜、粟米，熱氣騰騰，味道濃烈。

最妙之處，在於有店家後來發明了「吸管吸骨髓」絕技。插支飲管進骨頭中間，嘴一吸，精華直入心肺。

可惜時代變了，大牌檔一個個拆掉，骨煲不再是街邊的煙火，反而走進了冷氣充足的酒樓、酒店，甚至成為山姆超市的即食包裝商品。

我吃過幾家，新益食店那鍋豪華得很，豬天梯、豬雜全齊；若說真有那股昔日街坊味的，當數盛世酒店那個 MOP$78 一人骨煲，湯濃骨香，價錢親民，還留着一點當年大牌檔的影子。

葡式雜燴勾起葡人節日情意結？

「老地方」主廚 Anna 製作的葡式雜燴。

對土生葡人來說，葡式雜燴（Tacho）最能代表一個節日的記憶。

這鍋菜不美，不秀氣，像一鍋大亂燴，顏色暗沉，但在土生葡人家庭中，Tacho 不是日常菜，而是節日靈魂。一年只做一次，不是因為懶，而是為了「等」——等家人團聚、等節日到來、等時間熬出味道。聖誕前夕，全家早早煮好一鍋，節日當天廚房不上班，這鍋就是三日三夜的溫飽。

材料有豬手、雞件、臘鴨、葡腸、豬皮、椰菜、水欖、鹹蝦葉、豬耳朵、豬鼻子、血腸，還有傳說中的秘製銀蝦醬，每樣要分時下鍋，慢火熬上一夜。

現今在外頭吃到的 Tacho，少了一半材料，也少了幾分溫度。要吃真正的、全配的、有豬鼻子血腸的 Tacho，只有家中才能做到。

⑫ Dino Burger ⑬ Bro Mao 貓哥小店 ⑭ 塔石廣場 ⑮ 萬象畫廊書屋（塔石店）⑯ 澳牛沙嗲專門
⑰ 牛仔屋麵食 ⑱ 璐森小廚 ⑲ 文記咖啡 ⑳ 美式餅廊 ㉑ 澳門退休人士協會 ㉒ Mind Cafe

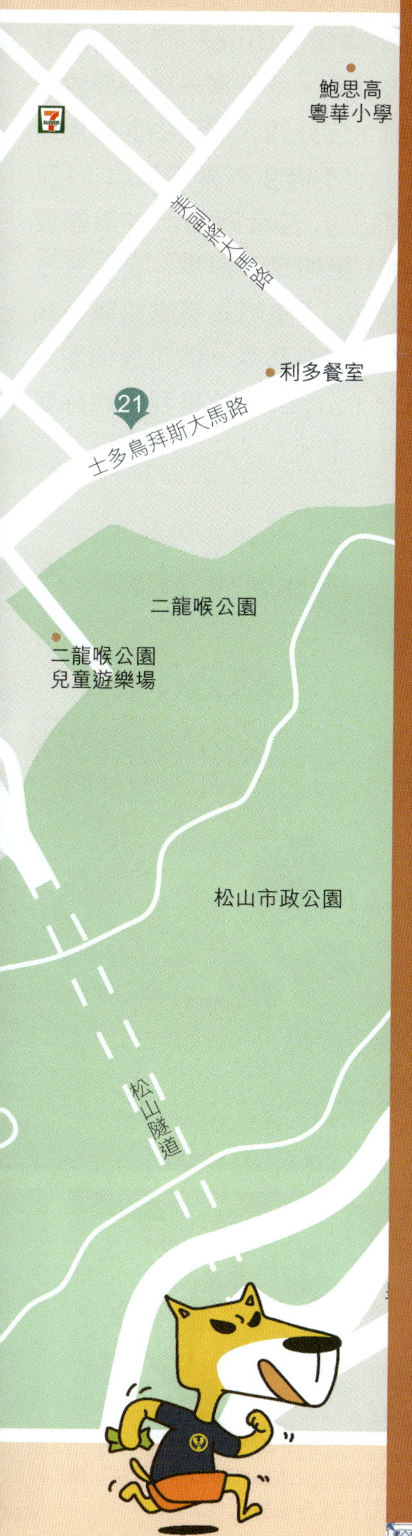

中區

由於澳門官方是以教堂的堂區來劃分區域，所以澳門人對於中區的概念比較模糊，有些人會認為板樟堂一帶是澳門的中區，因為那裏曾是澳門的政治和經濟中心，但隨着路氹城發展成新的經濟娛樂中心，新口岸皇朝區亦成為新商業中心，各機關部門都在這裏設立總部，因此澳門塔石廣場既是連接澳門半島南北的重要樞紐，亦是節假日匯集人群的重要場所。

從歷史角度，塔石廣場亦是中葡文化的交界，東西方文化的過渡區域，過去從東望洋山有一古城牆經雀仔園連接至大炮台，而這道城牆有一城門，名為「水坑尾門」，城門以南是葡人聚居的地方，以北就是華人聚居的龍田村，所以塔石廣場以北有很多華人名人的故居，如盧家的盧廉若公園、孫中山故居、葉挺將軍故居等古蹟。

從美食和文化角度，這裏亦是澳門眾多華僑聚居地，所以緬甸、泰國、越南等老字號美食都發源於此，如三盞燈的緬甸美食和荷蘭園的泰國餐廳都是圍繞塔石廣場聚落而成。所以我在本書中所定義的中區，就是以塔石廣場的緯度為中心。

交通 ｜ 巴士 12、18、18B、2A、7、8、8A、9、9A、H2、22、25、25B ---> 塔石體育館

目前 Dino Burger 有 5 家分店，塔石總店以外，氹仔店是最受歡迎的分店，出品略有不同。

Dino Burger

址 （總店）澳門西墳馬路富安大廈地下 C（荷蘭園 OK 轉上斜路）

時 12:00~19:00

交 巴士 12、18、18B、2A、7、8、8A、9、9A、H2、22、25、25B 至塔石體育館

Dino Burger 主打外賣（只有 Dino Land 例外，可參閱北區 p.18），可透過微信小程序搜尋 Dino Burger 預先點餐，可以選擇外送或自取。據說製作需時，非繁忙時段點餐大概等 20 分鐘，做好會收到訊息提示。

Dino Burger 在疫情期間開業，被追捧為澳門最好吃的漢堡。近日因與韓團 Seventeen 的李燦（Dino）同名和網上曬圖而再度被炒熱，令店家一度需要暫停網上點餐系統，店外的人龍更由西墳馬路排到上和隆街。不過我心裏不禁想：「又一款網紅爆品？」常看到網上評價需要等候 45 分鐘，更加令人卻步，有位餐飲業經營者也曾說：「澳門人不吃飢餓行銷這一套」。直至我偶然從一個可靠的朋友口中也讚賞這 Burger，於是我為釋除疑慮，親身驗證一下。

以加州最有代表性的 In-N-Out Burger（左）與 Dino Burger（右）作參照對比。

有人說 Dino 賣的是傳統美式 Burger，但我感覺又不太像，打開漢堡一看：「是烤洋葱！」若果拿着這個問現代美國人這是不是美式漢堡，應該大多數不會認同，因為美式漢堡一般不會把蔬菜煮熟。

包裝整潔企理。

朋友也推介這裏的薯條，不僅炸得香口，味道上除了鹽還加入了特別配方，有點像 Shack Shack 薯條的味道。取餐時才幫客人將薯條入袋，縮短軟化時間，非常細心。

有人認為 Dino Burger 是**澳門漢堡包的天花板**，我想是因為不僅製作認真，用料好，包裝也很企理，他們真的能還原一個漢堡包該有的樣子，現在市面上大部分的漢堡包不知道是基於成本考量還是製作時間的壓縮，變得很「走樣」，最起碼有些品牌的成品跟宣傳照相去甚遠，這點 Dino Burger 在漢堡包的顏值上把關得甚好。

味道好的漢堡在澳門人外有人，天外有天，但百元之內的漢堡，Dino Burger 是做得不錯的。

大部分人認知的美式漢堡應該會是麥當勞、In-N-Out Burger、Five Guys 等模樣，不過原來這種有烤洋葱的漢堡的確源自美國，名為“Depression burger”（大蕭條漢堡）。它出現在美國 1930 年代的經濟大蕭條時代，當時百物騰貴，牛肉也漲價，由奧克拉荷馬州開始就流行這種加了烤洋葱的漢堡，除了可以將漢堡包撐大，也比較飽肚，因此在短短 10 年間相當流行。不過在 1950 年代隨着麥當勞出現，從此有新鮮洋葱、番茄、青瓜等的漢堡包再次回歸美國人的視野中。而 Dino 的招牌漢堡也是於疫情期間爆紅，突然令我感嘆歷史總是出奇地相似。當然他們也有幾款漢堡包是有新鮮番茄，也有像 In-N-Out Burger 的隱藏餐單：完全沒有碳水化合物只以蔬菜包裹的暴龍堡。

貓哥小店的名字源於店主爸爸的暱稱，店主一家亦喜愛貓，故此而得名。

Bro Mao 貓哥小店

址 澳門美的路主教街 42 號美安大廈
（分店）澳門騎士馬路 49 號

電 (853)2856 3757
（分店）(853)2853 3521

時 07:30~18:00

交 巴士 17 至賈伯樂 / 沙嘉都喇，7、8 至歸僑總會

除了貓貓主題出品，貓哥小店的小炒也做得不錯。黑椒牛柳絲炒麵能做到乾濕分離，牛柳絲香辣，炒麵也煎得夠脆。

有一點必須要為貓哥小店澄清，它是一家正經八百的咖啡室，只是貓哥多了一顆少女心，因為一系列貓貓下午茶而火紅了。貓哥小店的菜系亦十分多元，有台式、粵式和葡式土生菜，亦符合澳門咖啡室不拘一格、包羅萬有的特點。

小貓總匯三文治是最近推出的新品，麵包也有很可愛的貓貓元素。

原來貓哥做澳葡菜也有一手，其嚕囉雞飯（MOP$45）亦獲得澳門嚕囉雞飯關注組蠻不錯的評價。它難得地集齊市面上少見的麵包粒、火腿絲和提子乾這三種被稱為嚕囉雞飯三劍俠的配料，麵包粒仍保持香脆口

台灣地道小吃刈包是將發酵的麵餅從中間割開一條缺口蒸熟後，再夾入焢肉、酸菜及其他餡料，所以又稱「割包」。貓哥的刈包（MOP$25）是貓掌肉球形狀，再夾入餡料。除了傳統的焢肉，還有牛舌、雞扒或豬扒口味，再配番茄、生菜，有點像漢堡包，可說是源於台式，成於澳門的貓哥刈包。

此外還有芝士吞拿魚貝果（MOP$22），連貝果也有貓貓造型。

花貓吐司（MOP$18）是花生醬加煉奶的貓臉造型吐司，還有三色貓吐司是榛子醬、花生醬加煉奶，白白貓吐司則只有煉奶。

焦糖雞蛋布甸拼雪糕（MOP$32）。

感。沒有辣味的嚤囉汁每一口都帶有椰蓉那種沙沙的口感，黃薑飯香味充足、硬度適中，配合嚤囉汁十分下飯。俗語有說「周身刀冇張利」，想不到貓哥不論是台灣菜還是澳門菜都獲得不錯評價，實屬難得。

小知識

甚麼是嚤囉雞飯？

嚤囉雞飯是一道澳門土生菜，是葡萄牙人用在地食材為駐守澳門摩爾士兵做的菜式，以解他們的思鄉之情，這有點像發明非洲雞的時空背景。以黃薑粉、椰蓉、提子乾等做的香料飯配上煎雞扒而成。這道嚤囉雞飯發展至今已生出無數版本，做得好便叫青出於藍、食物多樣性，吃到差的會覺得良莠不齊。

至於「澳門嚤囉雞飯關注組」是一群澳門嚤囉雞飯愛好者近年在社交平台分享嚤囉雞飯消息的群組，希望藉此提升澳門嚤囉雞飯的水平。他們又認為每當有人提起澳門葡菜就會想起葡國雞、非洲雞、乾免牛、馬介休球，卻鮮有人提起嚤囉雞，它同樣是土生土長的澳門菜，也很美味，應該得到關注。我對此也十分認同，因此藉着這個機會向讀者介紹這道地道菜式。

塔石廣場

交 巴士 12、18、18B、2A、7、8、8A、9、9A、H2、22、25、25B 至塔石體育館

望德堂。

望德堂附近婆仔屋。

位於松山腳下的塔石廣場是澳門本島的一個重要樞紐，南通望德堂一帶至議事亭前地、澳門博物館及大三巴牌坊，北往青州山、筷子基、關閘口岸。廣場佔地 13,000 多平方米，地面鋪上葡式碎石，四周被澳門新古典主義風格建築群圍繞，包括現文化局大樓、塔石衛生中心、澳門中央圖書館、澳門檔案館、塔石藝文館、澳門樂團總部、饒宗頤學藝館、澳門茶文化館等，統稱為「八間屋」。

塔石廣場是澳門其中一個重要的大型活動地點，塔石藝墟、聖誕市集、農曆春節年宵市場等等都會在這裏舉辦。

塔石藝墟。

塔石藝墟的文創精品。

萬象畫廊書屋塔石店

址 澳門塔石廣場商業中心 R2
時 11:00~19:00
休 週一

塔石廣場商業中心位於廣場南側沿階梯而上的較高位置，因為面向廣場的建築立面由玻璃幕牆組成，故常被人稱為「玻璃屋」。佔地約 700 平方米，當初設計為一座設有餐廳、商店等設施的商業中心，後來幾經易轉於 2022 年成為萬象畫廊書屋。

書屋不但有圖書銷售，還有具澳門及葡語系國家特色的藝術品和文創產品，書屋的二樓也會定期舉辦藝術工作坊。

葡國輕食餐廳 LVSITANVS。

2024 年 6 月
OPEN

澳牛沙嗲
專門店

址 澳門士多鳥拜斯大馬路 21 號 B
時 12:00~19:30
交 巴士 2、2A、4、9、9A、12、18、18A、18B、19、22、25、25B、H2 至得勝花園站

沙嗲牛肉麵乃茶餐廳尋常之物，卻有人開店想專心做好這碗麵。店名「澳牛」，很多人第一時間會跟香港的「澳牛」澳洲牛奶公司聯想起來，其實兩者並無任何關係，澳門的「澳牛」店員稱是「澳門沙嗲牛肉麵」的簡稱。

看看菜單，只有一款濃厚沙嗲湯底，但其他選項做到如日式拉麵般客製化，從麵的款式，到各款配料，以及加餸等都可以自由選擇。第一次來的食客通常會選招牌沙嗲牛肉煎蛋麵（MOP$45），公仔麵能掛滿湯汁，所以我選擇公仔麵。

這裏的沙嗲湯底跟茶餐廳最大分別是，茶餐廳的沙嗲是在一般麵湯上加一大勺沙嗲醬，拌勻後只是薄薄一層沙嗲味的清湯，而澳牛專門為沙嗲麵熬製湯底。湯底不辣，但他們有特調辣油，加一滴足以辣得滿嘴發燙。味道帶有很濃的沙茶醬香味，有沙沙口感，可能加入了椰蓉或花生等食材。湯底濃稠，有豬骨濃湯的口感，但亦因為太濃厚，其他配料的味道都不太明顯。

澳門有一群沙嗲牛肉麵忠粉，澳牛專注做好沙嗲牛肉麵的精神對他們來說顯然是福音，雖然年資尚淺，相信他們會不斷吸收意見和改進，成為餐飲界的明日之星。

澳式奶茶（凍 MOP$18），或者店家想與茶味香濃的港式奶茶和濃厚的湯底做區隔，味道比較清爽。

中區其他美食推介

牛仔屋麵食

牛仔屋在這一帶開業大概有三十年，我小時候看着它開業，以牛雜和雲吞麵為主打。和一般牛雜檔不同，這裏做的是清湯牛雜，而且煮牛雜的時間也控制得剛剛好，牛雜該爽脆的爽脆，該彈牙的彈牙，清湯更能突出牛雜的味道，牛肚、牛腸、牛膀和牛心樣樣齊，好彩的話還會吃到爽脆的牛心椗。

址 澳門亞利鴉架街 14 號 A 地舖
電 (853)2857 0226
時 09:00~18:00
交 巴士 7、8 至亞利鴉架街
註 只接受現金支付

牛雜麵

近十多年他們還做起牛雜打邊爐，一個小小的酒精爐暖着牛雜吃，冬天或者看球賽的日子特別受歡迎，可能老闆喜歡看足球，又或者隔壁有投注站，有時會見到球友在這裏邊打邊爐邊看球賽。

豬紅和咖喱雞也是很多人點的菜式。

牛雜以外，這裏的雲吞也很出色，很多街坊會買這裏的生雲吞回家灼來吃。堂食也可以拼其他食物，如鯪魚球。

璐森小廚是位於遊食堂美食廣場內的其中一個檔口，近年火爆出圈只因一道招牌菜 —— **嚤囉雞飯**。有時甚至會見到遊食堂內 90% 的人都在吃這個飯，成為一道有趣的風景線。

璐森小廚

址 澳門賈伯樂提督街群威大廈地下遊食堂內（來來超市旁）
時 12:00~20:00
電 (853)6314 7188
交 巴士 17 至東南小學站

璐森小廚的嚤囉雞（MOP$45）

璐森小廚的嚤囉雞是帶有脆漿的炸雞腿，雞腿大隻入味，有黑胡椒香氣，再配上與別不同的配料，包括葡腸、松子、提子乾和炒花生。黃薑飯帶有蛋絲，像星洲炒飯般香氣四溢。醬汁沒有採用帶有椰香的嚤囉汁，而是用咖喱魚蛋那種像芡汁般濃稠的咖喱汁，整個組合雖然新奇，但仍然受大眾喜愛。

澳門菜小知識

各門各派的嚤囉雞飯

澳門人做嚤囉雞飯可謂各施各法，每個人心目中都有一套標準，但論到正宗也不一定是澳門人最喜愛的味道。早前有澳門酒店邀請了土生葡菜大廚開了個記者會，他們對嚤囉雞飯的理解是不帶醬汁的版本，但是就目前最受大眾喜愛的嚤囉雞飯都是有醬汁的碟頭飯，無論是彩香園外脆內嫩的炸雞腿配椰蓉嚤囉汁、金富輪的燒雞腿配香辣咖喱汁，還是印度園林的脆漿炸雞配印度香料咖喱汁的嚤囉雞飯都是有醬汁的，或許這樣比較好佐飯。這正好應了對葡國菜有深厚認識的大廚 Joe 哥（陳繼祖先生）的一句話：「在澳門做葡國菜正宗與否是一回事，好吃就得喇！」

以下是其他版本的嚤囉雞飯，各施各法，百花齊放，不求最正宗，只求最好吃。

璐森小廚嚤囉雞飯的雞腿帶有厚粉脆漿。

土生葡菜版本的無醬汁嚤囉雞飯。

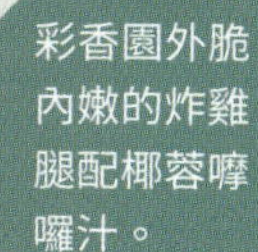

彩香園外脆內嫩的炸雞腿配椰蓉嚤囉汁。

貓哥小店的嚤囉雞飯，配有麵包粒、火腿、提子乾，是公認的平民嚤囉雞飯鐵三角標準配料。

金富輪的燒雞腿配香辣咖喱汁。

印度園林的脆漿炸雞配印度香料咖喱汁。

文記咖啡

址 澳門連勝馬路 82a 號金蓮大廈地下
時 07:00~21:00
電 (853)2821 6866
交 巴士 7、7A、17、19 至連勝馬路／高士德站

文記咖啡在澳門是一家老字號，老店在新中央酒店附近的庇山耶街，那裏又稱「爐石塘」，所以又稱老店為「爐石塘文記」，近年是網紅熱點，在節假日期間排隊的客人會比較多，所以這次介紹的是他們另一家在民生區的分店，位於三盞燈。

位於庇山耶街的文記咖啡已成為網紅熱點。

位於三盞燈一帶的文記咖啡，其實也開業很多年，店面不大，主要客人是本地居民，價格也貼近民生區消費，近年因兩道經典菜式而令人眼前一亮。

其中一款主打是花生醬豬扒菠蘿包（MOP$28），在豬扒包的基礎上同時吃到菠蘿包的香脆。每當客人點這款麵包時，他們會把菠蘿包回爐再烘至乾脆，所以吃到脆皮口感，而且菠蘿包比一般的厚身，就算被切開，包身亦保持挺直。

豬扒切得薄，沒有傳聞中的厚切，但亦無礙整體口感。唯獨它的花生醬，有人認為是亮點，鹹甜交融十分過癮，但我不偏愛花生，而且菠蘿包因為重烘已比較乾，加上花生醬那種有如泥漿的質地，令整體略顯乾澀，如果對花生過敏或不喜歡這種口感，應該可以跟侍應說去掉。

特別一提店家有主動問吃包時需不需要手套，那是在澳門咖啡室不常見的服務，雖然不見得每位客人吃麵包都戴手套，但可見他們有注重細節。

第二款主打是番茄蛋通心粉（MOP$40），番茄蛋是番茄和蛋分開炒再混合的做法，番茄不會煮老和炒爛，蛋亦不會被番茄弄得過濕，再加入預先炒好的通心粉，一道菜分三次炒再整合，內含很多食客不易看到的細節。我最喜歡他們的通心粉，雖然只是用生抽老抽炒，卻很有鑊氣，能吃出乾炒牛河般那種鹹香味，而且番茄蛋顏色亮麗，可謂色香味全。唯獨這道菜要做出這水準，必須用上比較多的油，忌油者要注意。

美式餅廊

址 澳門新橋（三盞燈 / 白鴿巢）連勝馬路 64 號 A 永信大廈
時 08:30~19:00
交 巴士 7、7A、17、19 至連勝馬路 / 高士德站

在三藩市讀研究所期間，當地唐人街有間金門餅家，每當開門都大排長龍，為的就是他們的蛋撻，是必試的味道。後來有一天我趁金門餅家排隊的人較少，終於可以一嚐這傳說中的味道，一吃之下反而令我馬上想起澳門「美式餅廊」的蛋撻。

美式餅廊除了蛋撻能堅持原味，其他麵包西餅亦如時光被定格一般，豬仔包、餐包和合桃蛋糕都是澳門好幾代人學生時代的味覺回憶。

如果三藩市的金門蛋撻值得讓人慕名而至，三盞燈的美式餅廊美味會更上一層樓。金門蛋撻是曲奇皮，而美式的是酥皮，每當下午兩點蛋撻出爐，酥皮的牛油香氣四溢，蛋香濃郁，味道清甜，是澳門傳統蛋撻的天花板。雖然現在的人多被口味更為驚艷的葡撻而震撼到，不過美式餅廊的蛋撻絕對能與葡式蛋撻平分秋色，這點實在不容易。

在翻糖蛋糕大行其道的年代，突然見到用新鮮水果和奶油做的蛋糕，確實有點被震撼到，而且還有栗子和朱古力口味選擇。在外形的塑造能力上，翻糖蛋糕是較強，但在味道上翻糖蛋糕難免受糖皮的限制。相信現在仍有一眾喜歡鮮果蛋糕的朋友，想吃的話在美式餅廊就可以找到。

澳門退休人士協會

址 澳門士多鳥拜斯大馬路 49B 地下華仁中心
時 12:00~14:30、18:00~20:30
電 (853)2852 4325
交 巴士 12、17、22、23 至鮑思高球場站，2、2A、6A、12、17、18A 至二龍喉公園站

電影《食神》裏那幕「中國廚藝學院」其實是少林寺廚房，讓人印象深刻；而現實裏，澳門也有一處「隱世食堂」，藏在澳門退休人士協會內，我在頻道中也介紹過。這裏的葡菜可不是普通飯堂貨色，而是得土生葡人、葡國公務員與本地華人三大社群口味認證的地道滋味。

乳豬飯 (MOP$185)

標準的葡式烤乳豬，外脆內嫩，肥而不膩，拌飯也加入了香料、生菜、生番茄，地道得不得了。

小知識：廣式與葡式乳豬之別

很多人問我，廣式乳豬和葡式乳豬有甚麼分別？簡單講，前者是「麻皮」，後者是「亮面玻璃皮」，一燒一焗，脆法各異。

吃法也有趣，廣式乳豬像北京烤鴨，要包麵皮、點甜醬、配葱絲，北方風味十足；葡式乳豬則豪邁得多，皮肉連飯一起吃，香料、紅腸、雞豬內臟拌飯，香得不得了。順帶一提，廣東那種皮肉一起吃的是燒肉，不是乳豬，豬味濃、皮更厚，稱為「綠豆皮」，三者常讓人傻傻分不清。

這裏的定位原是 Canteen，蛋糕、奶茶、三文治、咖啡一應俱全，中午有 MOP$70 套餐，晚市供應葡式主菜。我特地選了最平民的午餐：梅菜肉餅飯配葡式海鮮湯，就連魚扒炒飯也有，讓大家看看傳說中「少林寺」的真身有多貼地。飯餸之間連汁也欠奉，樸實得來毫無偽裝。

葡式蝦肉（MOP$98）

十分開胃的前菜，用滾油淋在蒜蓉、辣椒和剝了殼的蝦仁上，蝦肉很彈牙緊實，蒜香和辣椒香味濃郁。

由於澳葡時代澳門有部分是派駐過來的葡國公務員，亦有退休人士是土生葡人和本地華人，所以在澳門退休人士協會擔任廚師的都有獲以上社群認可的資格，烹調出來的菜式亦得到認同。我不敢說這是傳統老味道，相信這裏的烹調技藝會隨着以上三大族群的需求而不斷改良，但在澳門葡菜系來說，我認為這裏能維持一定品質之餘，亦沒有過度修飾，感覺樸實無華。

葡國燒雙色腸（MOP$68）

葡國紅腸加白腸，雖沒火焰 Show 加持，但實而不華。畢竟這是退休人士飯堂，不是表演舞台。

特色牛扒（MOP$145）

這才是最葡式的靈魂菜。牛扒煮得偏熟卻不乾柴，蒜香薯仔、水欖齊全，重點是煎蛋加煎火腿——九成九葡人都這樣配牛扒吃。澳門沙丹豬扒飯的精髓，也許正是從這道菜演化而來。

協會門口雖寫着「只限會員進入」，但多年來早已流傳「識人帶路就能入」，事實上就連旅客也可自由出入。原本只是一佔角落的小飯堂，現已擴展至整個地面層，人氣不減。

咖啡師推薦的咖啡店計劃

在籌備本書增訂版的過程中，有來自大灣區的咖啡師表示很想來澳門尋找精品咖啡店。在澳門，現時的咖啡店有幾大族群，第一類是澳門傳統咖啡室，其中知名者有手打 400 次炭燒咖啡；第二類是國際連鎖品牌，如 Starbucks 和 Pacific Coffee；第三類是手搖茶飲店中的附屬咖啡，由於他們分佈最廣，因此在咖啡市場中佔一席之地；第四類則是咖啡師們最想尋找的精品咖啡，每一家都精心鑽研沖泡咖啡的技術，甚至曾獲國家級獎項，但這類咖啡店都比較隱世，只有圈內人互相認識，商業化程度不一定很高。

Mind Café

址 澳門僑樂新街 10 號
電 (853)6524 0396
時 12:00~20:00
交 巴士 17 至賈伯樂 / 沙嘉都喇，7、8 至歸僑總會

澳門近年湧現了海量 Café，多得如天上繁星，但又在我還未能記住它們的名字前便如潮水般退去。在眾多 Café 中，唯獨讓我念念不忘的便是隱藏在僑樂新街的 Mind Café，它有一個很文青的中文名字「賣 · 咖啡」。

黑色幽默（MOP$40）

這裏的咖啡不走尋常路，不過老闆做正常的手沖咖啡也是很出色的。我每次到訪，老闆都會為我沖一杯「黑色幽默」，這是一杯咖啡界的深水炸彈，咖啡的咖啡因和可樂的咖啡因同時上頭，黑色來自可樂和咖啡的碰撞，幽默來自老闆的創意。

於是我展開了咖啡師推薦的咖啡店計劃，我邀請了每家店的咖啡師推薦一家他們喜歡的咖啡店，讀者可以隨着咖啡師的引領，發掘隱世的澳門精品咖啡圈。

澳門精品咖啡之中商業化程度做得比較好的有 Blooom Coffee House，它在羅德禮商業大廈與澳門國際機場的 1 號登機閘口都設店，很多客人慕名而至。

男人的浪漫（MOP$40）

老闆很堅持只為男顧客沖泡的咖啡，老闆在咖啡的拉花上加了爆炸糖，飲用時爆炸糖一直在口腔內爆發，充滿老闆的幽默感。

加 5 元的特別版屬於你的愛情（MOP$45）

由益力多與黑咖啡組成的搭配，看似衝突卻又出奇的搭。如果你怕不好喝，老闆說只要加 5 元就可以把這款不屬於你的愛情變成屬於你的愛情，當中加了乾檸檬和喜瑪拉亞山的粉紅岩鹽。兩款咖啡我都喝過，屬於你的愛情味道更複雜，增加了酸和苦，並沒有比較好喝，這好像是老闆用咖啡去表達他對愛情的看法，原來老闆是一位用咖啡寫詩的文人。

Mind Café 與其說是賣咖啡的店，它更像是賣時光的空間，有點像是 Starbucks 般在工作與家之間的第三生活場所。客人在 Mind Café 會與店員和老闆甚至其他客人有很多話題和互動，滿座的話客人就隨意拿着咖啡站着邊聊邊喝，就像雞尾酒會。我之所以在多如繁星的 Café 中對其念念不忘，正是因為我們不是在買咖啡的匆匆過客，而是通過咖啡可以產生很多故事。

每逢週末會跟甜點師合作推出各種蛋糕。

一豆兩飲（MOP$50）

以店家當季推薦的咖啡豆做成兩款咖啡，一杯是黑咖啡，可以飲出豆的原味；一杯是加了奶的特調。這次提供的是店家在 2023 年全國咖啡烘焙大賽中獲獎的咖啡豆。

MAP

㉓ 新中央酒店 ㉔ 碧麗宮 ㉕ M8（澳門八號）㉖ YOHO 金銀島名勝世界酒店
㉗ 時空穿梭 · 遊歷三巴（大三巴）㉘ 關前街 ㉙ 阿志麵家 ㉚ SAB8 拾 8 咖啡 ㉛ 尚堂
㉜ 英記餅家 Snoopy 主題店 ㉝ 好好喝茶 ㉞ 澳品薈 ㉟ 老地方 ㊱ 草堆街 ㊲ OLÁLÁ ㊳ 金碧坊
㊴ 正好 TU A HO ㊵ Portucau 澳葡坊 ㊶ 金福龍葡式牛扒茶餐廳 ㊷ 鳳城康記飯店
㊸ 享咖啡（Kariomon）㊹ 澳門大賽車博物館 ㊺ 輕軌媽閣站 ㊻ 聖地牙哥古堡酒店
㊼ 媽閣塘片區 ㊽ 大鐵棚食堂 ㊾ More. Coffee ㊿ 光希亭 51 9B 52 林咖啡 53 璇宮餐廳
54 德豐咖啡美食 55 聯邦大酒樓 56 康公夜市

南區

澳門半島南部是充滿文化底蘊和文青氛圍的迷人社區。遊客可以從媽閣廟開始，感受古老廟宇的靈氣；接着走進媽閣塘創意園，這裏匯聚了本地設計師的特色手作，是探索創意與藝術的好去處。漫步至亞婆井前地，會發現中西合璧的街區風情，沿途還有隱藏在巷弄中的文青咖啡店。之後，不妨前往澳門歷史城區的重要景點大三巴牌坊，並深入周邊的文化街區關前街，細味葡式建築與華人文化交融的獨特魅力。

隨着多個歷史片區活化計劃相繼落實，加上澳門世遺歷史城區的經典建築被巧妙翻新，化身為特色酒店和時尚商場，為南部注滿新活力。

交通

輕軌 / 巴士 ------→ 媽閣總站

新中央酒店

址 澳門亞美打利庇盧大馬路 270 號
交 巴士 3、3X、4、6A、8A、18A、19、26A、33、101X、N1A 至新馬路／華僑站

從酒店前往議事亭前地步行只需三分鐘，沿營地街或步行街步行至大三巴牌坊約十多分鐘路程，與民生區亦近，地點便利。

有百年歷史的新中央酒店於 2024 年 4 月重新開幕，火速成為該區四大歷史酒店 —— 新中央酒店、國際酒店、東亞酒店、濠江酒店活化後最矚目者。雖然目前旅遊局網站顯示為 2 星酒店，皆因缺乏現代高級酒店標準的部分硬體設備，如泳池、健身室甚至客人用的停車位等，但受歡迎程度仍不輸澳門的三四星級酒店，並能反映在房價中，雖然平日的基本房型仍然保持在三位數中段，但至尊陽台房已超過四位數，甚至高於澳門三四星級附新型泳池的酒店房價，從其叫價力可略知一二。

神秘的 505 號房

新中央酒店有間神秘的 505 號房，究竟背後有甚麼故事？相傳 1945 年，澳門正值抗戰時期，黨組織在澳門發現了一部電台（無線電發報機），涉及鳳凰山游擊隊的秘密任務。鳳凰山抗日游擊隊白馬隊隊長譚生，偽裝成商人，隱藏在當時最豪華的中央大酒店，他入住的正是這間 505 號房。他的任務是秘密將這部重要的電台運回五桂山根據地，為抗日行動提供關鍵通訊。

新中央酒店安全嗎？

新中央酒店開幕前有邀請我們試住，很多朋友感興趣的是這百年建築的安全問題。原酒店始建於 1928 年，已有近百年歷史，當時的建築材料已經不能再用，現在的老闆花了近八年時間修復，由地基重新做樁，水泥重新灌漿加固，甚至內部間隔都找設計師重新設計，成為一家新酒店，很多歷史故事隨着重新規劃亦已煙消雲散。

新中央酒店的優勢首先是**地理卓越**，在百多年前已位於內港碼頭前方主要大道上，當年各路客人一出碼頭便見到新中央。而百多年後的今天亦很方便，雖然新碼頭和新機場已不在其周邊，但四周仍被歷史古蹟和名勝包圍，甚至它本身也是一棟歷史古蹟。

雖然便利的酒店、賓館該區有很多，但新中央酒店同時**走網紅精品路線**，酒店樓高 11 層設有 114 間客房，5 至 10 樓每兩層擬定為一個年代主題，共有 3 個主題及 6 個房型，房間主題以 1920、1930 和 1940 三個年代劃分不同風格，開幕時亦趕上電視劇《繁花》的懷舊熱潮，引來網紅和自媒體慕名入住及拍照。

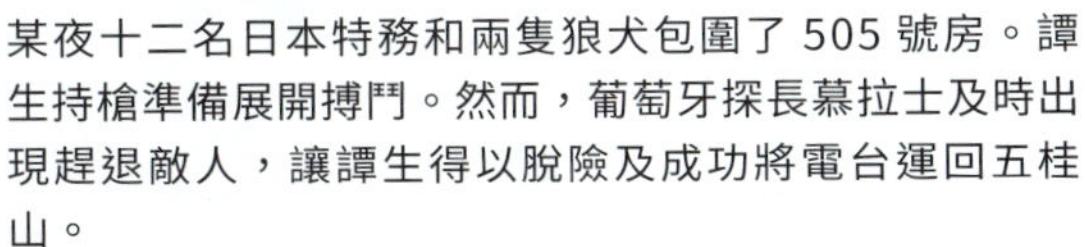

某夜十二名日本特務和兩隻狼犬包圍了 505 號房。譚生持槍準備展開搏鬥。然而，葡萄牙探長慕拉士及時出現趕退敵人，讓譚生得以脫險及成功將電台運回五桂山。

現在的 505 號房留下的只有房號，房內一切早已人事全非，家父記憶中的新中央酒店間隔比現在最少大一倍，否則以現在 16 平方米的空間，哪能容得下十二名日本特務和兩隻狼犬？

至尊露台客房

酒店最高級客房，面積 49 至 57 平方米。屬 1930 年代的設計風格，以橙色及原木做主要色調，設有陽台，可觀賞澳門歷史城區景色。

百年歷史穿越廊

酒店地面層設「百年歷史穿越廊」，供市民及遊客了解澳門歷史城區、新馬路以及酒店一帶的歷史。地面層已預留空間設商店，目前有待開業。

辦理入住的地方不在地面層，而在酒店四樓，餐廳碧麗宮亦在此層。

歷史城區觀光長廊

酒店天台的「歷史城區觀光長廊」可讓市民及遊客免費觀賞酒店四周景色，開放時間為早上十點至晚上十點。

碧麗宮為酒店客人提供的早餐有中西兩種，訂房時要注意房費是否包含早餐，另外購買每份早餐百多元。雖然價格與同區早餐相比略高，但賣相亦相對精緻。中式有水果盤、豉油王炒麵、白粥、佐粥小菜三款、點心三款，果汁以外可以再搭配一杯飲品，而配菜還有鮑魚，一次過把澳門中式早餐的精髓囊括其中。

西式早餐也相當豐富，可再搭配一杯飲品。

碧麗宮

址 澳門亞美打利庇盧大馬路 270 號

交 巴士 3、3X、4、6A、8A、18A、19、26A、33、101X、N1A 至新馬路 / 華僑站

碧麗宮精緻體驗套餐
Tasting Menu

前菜 Appetizer
油封魚子醬蛋撻
Confit Egg Yolk Tart with Caviar

湯 Soup
70年代爵士湯
Double Boiled Chicken Soup with Melon and Whelks

主菜 Main Course
煙燻桂花法國乳鴿・糯米雞脆片（半隻）
Smoked French Pigeon with Osmanthus Scent Sticky Rice Chips (Half Portion)
威靈頓溏心鮑魚
Abalone Wellington

甜品 Dessert
冰糖葫蘆
Crystal Sugar Calabash Stuffed with Homemade Whisky, Sake and Tequila

MOP 588
每位用 per person

碧麗宮的餐單提供長駐的「精緻體驗套餐」，以及每季更換的套餐如「法式演繹・東方韻致」嘗味晚餐，或以「繁花」為靈感的繁花之夜晚宴，都是人均 MOP$588。

說到新中央酒店，不能不提碧麗宮，這家隱身於酒店四樓的餐廳，百年來陪伴酒店共同進退，讓一代代澳門人留下回憶，只是當年的酒樓變成今日既時尚又復古的**中法混合西餐廳**。時尚是因為用了現代的室內設計概念和間隔，復古是在現在的設計基礎中運用很多復古元素，如黃銅吊燈、原木與皮革的餐桌座椅、壓花玻璃杯和工業革命後流行的雪花啞光不銹鋼餐具。

有人說碧麗宮是澳門穿越味蕾的時光機，這一點我並不認同。雖然這裏承載着歷史，裝潢亦令人產生時光倒流七十年的錯覺，不過所有菜式已經煥然一新，由過去的茶樓變成精緻的西餐，由擺盤至味道，都符合現代人的審美標準，亦符合 Z 世代吃飯要打卡的需要，所以我認為現在碧麗宮的出品更加適合現代客人的訴求。

回到現實，若想找抵吃的 Fine Dining，我認為碧麗宮同時兼具精緻與抵吃於一身，菜單提供**兩款價格 MOP$588 五道菜的晚餐**，從環境、菜品、服務和儀式感上，應該會令大酒店的五道菜晚餐倍感壓力，希望碧麗宮能保持這個性價比。

如果你以為精緻套餐只是擺盤漂亮，那碧麗宮的「**精緻體驗套餐**」絕對會顛覆想像。這裏的每一道菜，都是創意與經典的完美融合。

前菜一：油封魚子醬蛋撻

這是非一般的葡撻！內餡混合了鹹香的葡國腸和濃郁的藍紋芝士，蛋黃先低溫油封，再用火槍炙燒，最後加上俄羅斯魚子醬，層次豐富到讓人驚喜。

主菜一：威靈頓糖心鮑魚

靈感來自經典的威靈頓牛柳，但主角換成尊貴的鮑魚。四天浸發、48 小時慢煮，配上鵝肝、蘑菇和香草，再用金黃酥皮包裹，每一口都滿載奢華。

湯品：七十年代爵士湯

七十年代風靡香港的爵士湯，因香港名人鄧肇堅爵士而得名。響螺帶來濃郁海洋風味，蜜瓜則為湯底添上一絲甘甜，入口溫潤，回味無窮。

主菜二：煙燻桂花法國乳鴿（半隻）・糯米雞脆片

以細嫩的法國乳鴿，先用中式滷水慢煮，再以蘋果木和蜂蜜煙燻，最後撒上桂花鹽花。香氣濃郁，肉嫩多汁，一試難忘。

甜品：冰糖葫蘆

這道甜品非常有趣，以糖葫蘆搭配美酒，還用氮氣把芝士變成冰沙，營造出「冰糖」效果。甜美、清爽、帶點微醺，是完美的結尾！

碧麗宮的「**法式演繹 · 東方韻致**」嘗味晚餐則是中法混合的套餐。

前菜一：
馬糞海膽·活帶子 · 花椒春卷

這道創意前菜以馬糞海膽為主角，搭配鮮活帶子和花椒，還加入清新的楊枝甘露，春卷皮酥脆，口感層次豐富，帶點微辣，展開了一場美食之旅。

前菜二：慢煮新鮮鮑魚 · 三杯汁

鮑魚經慢煮後彈牙嫩滑，吸收了三杯醬汁的鹹香與鮮甜，口感層次豐富。搭配萵筍、杏鮑菇，加上炸蒜片和烘烤羅勒的點綴，香氣更上一層樓。

湯品：新鮮魷魚清湯

湯頭濃郁，加入新鮮魷魚片和乾昆布，鮮味瞬間激發，味道清新又回甘，完美過渡到主菜。

主菜：經典鵝肝美國頂級牛柳

牛柳嫩滑，搭配細緻的鵝肝、薯泥和黑松露，極具高級感。這道菜不僅外觀精緻，吃上一口更是滿足。

甜品：話梅奶凍、蜜瓜、苦瓜冰沙、白蘭樹下

這道甜品就像藝術品！煙霧繚繞，翠綠的苦瓜冰沙加上話梅奶凍的酸甜，完美平衡，還有蜜瓜的清甜，口感層次豐富。

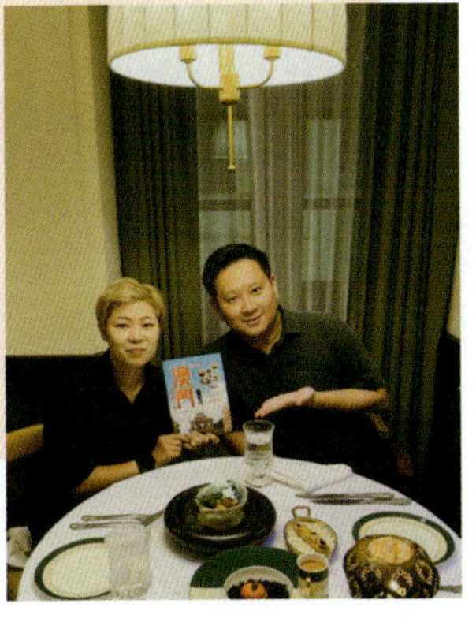

與之前合作過「澳門 20 印象系列」的香港攝影師 O' Zero Lai 相聚於碧麗宮。

建築物外牆採用雕塑感十足的玻璃幕牆，並嵌入 1 毫米半透明曲面天然雲石，創下「最大曲面熱熔複合石材玻璃」的健力士世界紀錄，展現創新建築技術與獨特美學。

M8（澳門八號）

M8 澳門八號位於澳門歷史城區核心地帶，前身為 1963 年落成的郵電廳職工宿舍。2018 年，該建築開始進行都市更新重建，成為澳門回歸以來首個商業都市更新重建項目。經過多年設計與施工，M8 於 2024 年 9 月開幕，成為融合歷史與現代的文化商業新地標。

址 澳門羅結地巷 11 號及大堂街 9 至 13 號

時 一般商舖 10:00~22:00，部分餐飲店或營業至更晚

交 M8 位於議事亭前地附近，可步行前往；或乘交通工具至新馬路一帶，然後步行約 5 分鐘。

在保留歷史記憶方面，M8 融入了舊建築的設計元素，如舊洗衣池、旋轉樓梯、中庭綠樹、扶手欄杆與通花磚，讓本地居民能在新空間中找到熟悉的回憶。

除了獨特的外牆設計，頂層的天台花園可俯瞰澳門歷史街區全景，是拍照的絕佳位置。

2 樓及 3 樓：

引入國際時尚名品集合店 TFS（The Fashion Square）時尚廣場、歐洲旅行精品集合店 Euro Galleria by OLIVER，以及韓國餐廳「海邊的柑橘」。

M8 是澳門首個都市更新重建的商業項目，是一個將舊建築改造為現代化購物中心的都市更新典範。地上 6 層，地下 3 層，匯聚超過 120 個國際及本地品牌，涵蓋美妝、時裝、美食等多元業態。由於 **M8 主打高端品牌與特色餐飲**，商品和餐廳價格普遍較高，有預算考量要留意。

M8 內有多家國際品牌專門店，可在此購買最新的時尚單品。此外，地下層還設有文化零售和藝術展覽區，適合對藝術感興趣者參觀。

4 樓及 5 樓：

特色餐飲品牌如泰國的 Mango Tree 和香港的御・家上海，為食客提供多元美食選擇。

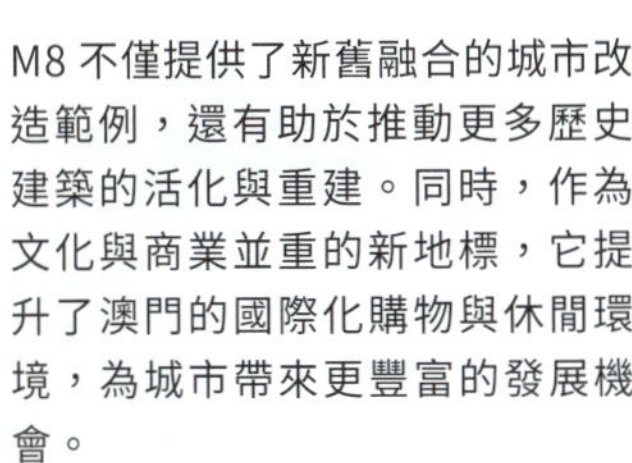

M8 不僅提供了新舊融合的城市改造範例，還有助於推動更多歷史建築的活化與重建。同時，作為文化與商業並重的新地標，它提升了澳門的國際化購物與休閒環境，為城市帶來更豐富的發展機會。

YOHO 金銀島名勝世界酒店

址 澳門區湖濱路 12 號澳門半島南灣

交 所有能到達亞馬喇前地交通樞紐的巴士，澳巴 3BX、N3、N5、2A、2AS、3A、3AX、3X、6B、7、8A、11、12T、21A、21AT、22、23、29、50、50B、52、71、73、101X、101XS、H1、MT1、MT2、N1A、N1B、N2，新福利 9、9A、25、25AX、25B、26A、26AT、32、32T、33、39

YOHO 金銀島名勝世界酒店位於澳門半島的交通樞紐，亞馬喇前地公共巴士轉乘區旁，毗鄰新葡京酒店、葡京酒店、永利渡假村及美高梅酒店等，地理位置優越。

酒店擁有 600 間五星級客房，**部分客房設有全澳首創的戶外露天風呂**，住客可以在享受放鬆的同時，欣賞到澳門塔及海湖景色。惟部分房型臨近繁忙道路，或會受噪音影響，建議預訂時詢問房間位置，選擇較安靜的房型。

YOHO 金銀島名勝世界酒店有甚麼賣點？

坐擁美景：酒店獨特的地理位置，令其同時擁有澳門南灣湖景和海景景觀，湖景可見觀光塔和主教山，海景可見澳門大橋。

交通便利：酒店位於亞馬喇前地，正前方為澳門最大的巴士轉乘站，方便前往各大景點，亦有提供少量接駁車服務。

購物與娛樂：酒店附設的 YOHO 名勝世界購物廣場匯集眾多世界一線品牌，如老佛爺百貨、特色美食、電影院博納國際影城及奢華購物，滿足購物與娛樂需求。

博納國際影城位於酒店地面層及一樓，提供多種主題影廳，包括星空廳、情侶廳、兒童廳和貴賓廳，為觀眾帶來多樣化的觀影體驗。

魚一迴轉壽司

YOHO 金銀島名勝世界酒店內設有多家餐廳，例如迴轉壽司店魚一。這是來自千笹集團旗下的迴轉壽司店，雖然壽司的色澤和賣相與印象中的千笹出品有別，不過整體而言不過不失，而且亦是澳門現時唯一有現代點餐系統的迴轉壽司店。

嘉龍樓中餐廳

我反而比較欣賞位於 2 樓的嘉龍樓中餐廳。平日客流量比較少，在本地的知名度也不算高，我也是通過業內的廚師引薦才發現這裏，體驗後發覺餐廳實力有點被外界低估。酒樓有寬闊的用餐空間，亦有可容納 16 人的包廂。

這裏有一個很少人知道的優勢，就是設有可欣賞煙花的平台。記得有一年開年飯剛好遇上澳門觀光塔煙花匯演，快到演出時間，經理會特意提醒到平台觀賞。餐廳不會因此而有額外收費，整晚的安排亦十分好，令我對嘉龍樓有良好印象。

時空穿梭・遊歷三巴

如果對穿越時空、探索古蹟有興趣，那麼「時空穿梭 ・ 遊歷三巴」一定會讓你大開眼界！這個沉浸式數字體驗展就藏在大三巴牌坊的天主之母教堂遺址廣場，透過 VR、裸眼 3D 和 AR 技術，帶參觀者回到幾百年前，親身感受當年聖保祿學院天主之母教堂的風貌。原本只是個期間限定展覽，官方公佈的限期至 2024 年 12 月 31 日，但因為太受歡迎，現在一延再延，暫未有定下限期，讓更多人有機會體驗！

這個 VR 體驗有兩種模式，一是**遊覽模式**，猶如化身成穿越時空的觀察者，參加一場在聖保祿學院燒毀前的巡遊和彌撒，而且還有一些互動小遊戲，例如撲滅教堂內的小火、修復教堂，有種穿越時空改變歷史的感覺。另一個模式是「**蟹舞**」，據工作人員介紹是比較多互動。體驗結束後可以到後台用手機掃描 QR 碼，玩一些 AR 遊戲。

用手機玩的 AR 遊戲。

購票訊息

由於門票有限以及場次相隔半小時，現場買票可能要等一段時間才能入場，如果想有效安排時間，可以預早從文化局的大三巴牌坊沉浸式數字體驗展售票系統購買。

網 www4.icm.gov.mo/stPaulVRTicket/
費 門票為 50 元，另設學生票（5 歲至 18 歲）及長者票（65 歲或以上），可享半價優惠。

關前街

交 從大三巴左邊步行至關前街

關前街的店舖由原來的古董舊物店變成古着、Café、文創等行業進駐，例如有 Café 與文創結合的「文藝門」、文青茶飲店「好好喝茶」、收藏家最愛的「澳門可口可樂收藏俱樂部」、人氣手工蛋糕「尚堂」、超便宜的海鮮拉麵「阿志麵家」等都成為網路人氣店。

關前街是澳門開埠最早發展的街區，因為設有澳門最早的海關「關部行台」而得名。附近有電視劇《十月初五的月光》的原型十月初五街，也有專賣舊物的爛鬼樓。它也是很多電影的取景地，例如香港的《古惑仔》、荷里活電影《非常盜 2》等。不過關前街被活化的最主要原因是它就在澳門最著名景點「大三巴牌坊」旁邊，旨在疏導旅客，旅客也可透過關前街，深度探索澳門內港一帶的歷史街區。

活化關前街已經推行近十年，但在 2022 年起有飛躍性發展，例如「關前薈」除了新增多個拍照打卡點，還設有 AR 及 VR 互動遊戲去認識關前街，亦有店舖優惠和假日市集等等活動。其中 2024 年的「貓緣圍里」是以貓咪為主題的活動，設有貓咪裝飾和打卡點，並聯同附近商戶提供優惠和獎品。

阿志麵家

如果你是海鮮愛好者，那麼阿志麵家的龍蝦麵絕對值得一試！這家擁有近 30 年歷史的老字號麵店，以獨特的龍蝦拉麵吸引食客，還有辛辣版本可選。更驚喜的是，這碗龍蝦拉麵只需 MOP$65。近年更推出加 MOP$20 附半隻龍蝦的期間限定，CP 值超高！

如果仍覺得這些食材太離地，阿志的柱侯巴西牛腩麵才賣 MOP$25，還有只賣 MOP$38 的日式金牌豬肋骨拉麵。拉麵配料豐富，湯底鮮甜入味，卻不會覺得口渴，怪不得多年來食客不斷。

址 澳門關前正街酒潭巷 41 號 A 舖
電 (853)2836 5900
時 07:00~18:30
休 週一　交 從關前街步行

除了火紅的龍蝦拉麵，近年亦推出 MOP$90 的「日式邪惡醬 10 吋瀨尿蝦拉麵」，力推以平民價格吃到高級食材。

SAB8 拾 8 咖啡

拾 8 咖啡是一家由土生葡人廚師主理的特色咖啡店。店名 "SAB" 取自創辦人 Sandra And Bela 的首字母，音似粵語的「十八」，象徵多元文化的融合。

店家**以創新手法製作葡式小食**，招牌菜包括自創的馬介休撻和沙甸魚撻，將傳統葡國風味與澳門特色結合，為食客帶來獨特的味蕾體驗。此外，店內環境雅致，融合了葡式風情與本地元素，是品嚐美食、感受澳門多元文化的理想場所。

址 澳門俊秀圍 No. 10 號 R/C A
電 (853)2835 8191
交 從關前街步行

2025 年尚堂換上裝潢，由原來店中央標示性的桃花樹，變成日系茶室風格。我以為店面變小了，店員說其實座位變多了，之前坐不了六個人，現在增加了座位。

新年期間限定的玫瑰紅絲絨鮮乳卷。

尚堂

址 澳門西瓜里 2A 號明發大廈
電 (853)6611 8126
交 從關前街步行

澳門首間日式卷蛋糕專門店，其抹茶蛋糕以獨特風味深受顧客喜愛。產品採用日本原材料製作，特別是使用了正宗日本宇治抹茶粉「丸久小山園」，每一口都能品嚐到濃郁的抹茶香氣。蛋糕層次豐富，切開後呈現誘人的翠綠色澤，口感細膩，甜度適中。此外，店內環境雅緻，擺設用心，是打卡好去處。如果你是抹茶愛好者，來到澳門一定不能錯過。

尚堂的招牌蛋糕宇治抹茶卷。

2024 年 7 月
OPEN

英記餅家 Snoopy 主題店

址 澳門草堆街 89 號地下 B
時 09:00~22:00
交 巴士 3X、4、6A、8A、18A、19、26A、33、101X、N1A 至新馬路 / 華僑站

如果你是 Snoopy 迷，那來澳門可不能錯過英記 Snoopy 主題店！這家店把可愛的 Snoopy 結合澳門傳統手信，讓人逛到捨不得離開！

英記 Snoopy 主題店位於關前街，這一帶本來就是文青風滿滿的小街區，逛完可以來買點本土美食，完美安排！

這家主題店有甚麼特別？

Snoopy X 澳門特色

這裏不只得常見的 Snoopy 周邊產品，還有結合了澳門風格的產品，比如印有 Snoopy 的杏仁餅、鳳凰卷，甚至還有主題包裝的手信禮盒！

超萌打卡點

店內有超多 Snoopy 裝飾，從牆上的畫，到大小擺設等，隨手一拍都可愛滿分。

限量商品

想帶點特別的紀念品回家？這裏有不少澳門限定的 Snoopy 商品，像是印有大三巴或葡京的 Snoopy 玩偶，超有收藏價值！

誰適合來？

Snoopy 迷：

不用說，這裏就是天堂！

拍照打卡控：

想找可愛背景？這裏絕對夠你拍！

喜歡買手信的人：

嫌一般手信太普通？Snoopy 杏仁餅超級可愛又實用！

位於關前後街的好好喝茶是一家充滿禪意的茶室，為繁忙都市人提供一處放鬆身心的靜謐空間。店家**主打優質台灣烏龍茶**，採用多樣的沖泡方式，讓傳統中式茶飲融入創新與時尚，旨在吸引更多年輕人踏足品茶世界。

好好喝茶

址 澳門關前後街 28 號
時 12:00~19:30 休 週二

茶室分為兩層，裝潢以簡約的原木風格為主，搭配玻璃和輕紗布幔，營造通透寧靜的氛圍。一樓設有選物區，販售來自台灣的香薰、手作品牌禮品等；二樓則提供寬敞的品茶空間，設有適合獨自放鬆的一人座位，以及可供多人聚會的區域。

茶藝師會為客人沖第一泡茶，確保在最佳水溫和時間下釋放茶葉香氣。隨後客人可自行體驗後續的沖泡過程，感受每一泡茶帶來的不同層次風味。此外，店方還提供抹茶糰子等茶點，為品茶增添樂趣。

澳品薈坐落於噴水池玫瑰教堂旁，樓高 5 層，設多個展示區域。

澳品薈

澳品薈由澳門廠商聯合會開設，是集澳門製造、澳門品牌、澳門設計、澳門創意以及葡語國家特色產品的品牌推廣展銷中心。如果對澳門品牌有興趣，或者想多了解澳門及葡語系國家的文創產品，在這裏可以很集中的一次過看到。

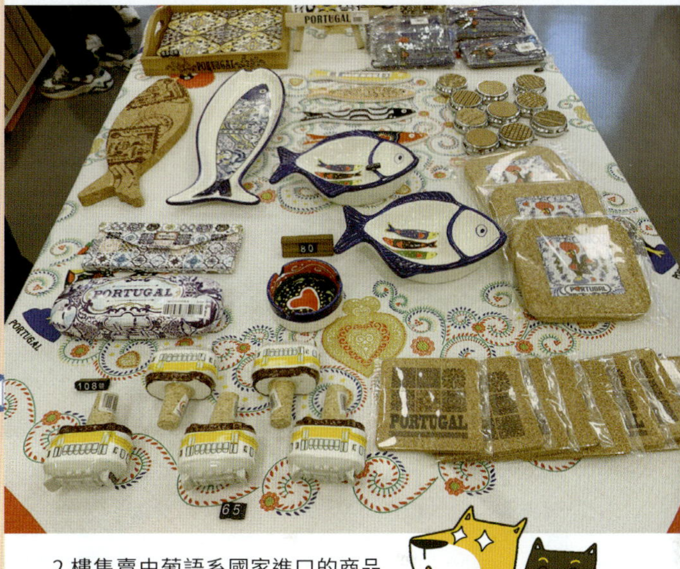

2 樓售賣由葡語系國家進口的商品「葡市集」。

址 澳門板樟堂街 1 號（玫瑰堂旁）
時 週日至四 11:00~19:30
週五及六 11:00~20:30
網 www.minmplaza.com
交 巴士 101X、18A、19、26A、3、33、3X、4、6A、8A、N1A 至新馬路 / 華僑

這裏不僅有傳統老字號食品，還有文創精品、原創時尚品牌等，滿足旅客對澳門特色產品的期待。

澳品薈還設有「澳門製造」展覽廳和 M café，可以在購物之餘品嚐特色飲品和小食，感受澳門的獨特風情。

老地方

址 澳門新馬路福隆新街 10 號
時 12:00~22:00
電 (853)2893 8670
交 巴士 101X、18A、19、26A、3、33、3X、4、6A、8A、N1A 至新馬路 / 華僑

老地方是一位土生葡人朋友推薦的餐廳，主打土生葡菜，土生葡菜是真正屬於澳門的菜式，是一種由葡萄牙人來到澳門後就地取材而衍生出來的獨特菜系，差不多每道菜都有一個關於澳門的故事。老地方的主廚 Anna 是土生葡人，很多年前從媽媽和其他家庭的食譜中學習土生葡菜，經過多年調整純化成其專屬菜譜，**味道獲得土生葡人圈子的認同**。

每次我去土生葡人餐廳，都必定會點**葡式雜燴**，這道菜勾起我很多關於節日和聚會時的記憶，也是土生葡人過年時只做一次的菜式，做一次可以吃三天。昔日澳門只有入冬後臘肉開賣時才能做這道菜，不過現今技術發達，一年四季都吃得到。

這道菜有點像盤菜，各種材料一層層擺放，用臘肉、豬手、豬皮、椰菜、雞蛋等十幾種食材燜煮整晚，令食物充分入味，熬出來的湯汁是菜式的靈魂所在。

另一個推薦是免治牛肉飯，如果香港男人的浪漫是豆腐火腩飯，澳門男人的浪漫可能是免治牛肉飯，或者是乾免牛飯。各家有自己的秘密配方，炒得是否濕潤是關鍵，即是碟底有沒有多餘油分。至於免治牛肉飯上面那隻蛋，不是必須，卻是很多人的情意結。

草堆街是一條充滿老澳門風情的小街，融合復古騎樓、文創小店、地道美食，是文青和遊客的私藏秘境。這裏與關前街相鄰，亦與康公夜市相接，遊玩時可合併在行程規劃中。

草堆街

交 巴士 18 至草堆街站

為了讓這條老街更有活力，金沙中國在 2024 年推出「草堆街創業方案」，提供資金、培訓與商業配對，讓本地品牌進駐，帶來新元素。這項計劃吸引了不少有趣店舖加盟，包括：

- **翻撻冰室：**主打創新蛋撻與烘焙產品，結合港澳特色。
- **小葡點：**專賣葡萄牙手信，挑戰傳統市場格局。
- **Catfee Macau：**結合貓咪、手信與公益的咖啡店，還能在天台俯瞰草堆街。
- **巷子意式冰淇淋：**創新意大利 Gelato，口味有驚喜！
- **Panpan 烘焙店：**由藍帶廚師打造的高品質酸種麵包店。
- **遊泰號：**泰式茶餐廳 + 音樂文化空間，帶來懷舊又新潮的用餐體驗。

現在的草堆街部分被丟空的老舖被活化，同時聯動關前街、康公廟以及十月初五街等澳門多個懷舊商圈。唯獨草堆街街道狹窄，人多時難免人車爭路，出行時注意安全。

OLÁLÁ

址 澳門草堆街 68 號
時 11:00~20:00
休 週三
交 從關前街步行，或乘巴士 18 至草堆街站

這家店有四樣主要出品，就是馬介休、葡式大雜燴、辣沙甸魚脆批以及葡式特調。

OLÁLÁ 是草堆街創業方案中我認為極具潛力的店，首先它在眾多方案中是少數以澳門味道為賣點，對旅客而言，來澳門就是要嚐嚐澳門味道；對本地人來說，它又能**把葡國大菜演變成路邊攤式小食**。如果味道對辦、價格合理、營運得宜，這將會是這個街區中最有特色的店。

葡式雜燴 Tacho（MOP$55）

有豬皮、蘿蔔、雞件、豬手、臘腸、椰菜、臘鴨脾等，材料多，煮得比較爛，味道亦較濃和入味。

桑格利亞水果特調（MOP$36）

這就是我們吃葡菜常飲的 Sangria 水果酒，這裏譯做「桑格利亞水果特調」，口感清爽，店主說為免客人不愛喝酒，所以把酒精含量調到很低，以迎合大眾口味。

辣沙甸魚脆批（MOP$25）

辣沙甸魚脆批不像蘋果批的口感，反而像蘋果批形狀的芋頭角，很香口！用酥脆外皮包着葡國辣魚，中間加了洋葱、豬肉、孜然等，外面酥脆，裏面香辣，很好吃！

「何不吃葡雜？」店主跟我說，「現在大家來澳都在吃牛雜，為何不推廣葡雜？」他指的是葡式雜燴，有人叫它做葡式佛跳牆，我在很多土生葡菜的介紹中都有提到，是昔日土生葡人一年只能吃到一次的大菜。OLÁLÁ 能把這道菜做到路邊攤形式，每人來到點一碗便能帶走，也令遊客可以快速淺嚐澳門葡菜味道，別出心裁。

馬介休球（三件 MOP$39）

馬介休球是他們的主打，目前推出四款口味，有原味、黑松露、芝士和鹹蛋黃。首次見到有人把黑松露融入到馬介休球，原來味道也很夾。不過平心而論，馬介休球的製作技藝尚未成熟，一夾就散，而且可能油溫未控制好，或油炸設備的功率不夠，炸的過程中油都滲進去，因而無法形成脆球。我見店主會主動和食客交流，虛心聽取意見，希望成書之日，這道主打菜能有所進步。

澳式鹹檸梳打特飲（MOP$28）

以鹹檸七的概念，改用葡國進口的檸檬梳打水，是老闆小時候的獨門秘方。

金碧坊前身為展會場地，活化後成為美食中心。目前地面層在試業中，樓上將於年後陸續開放，將有更多特色美食進駐。

金碧坊位於新馬路，是新興美食文化地標。作為「新馬路片區活化計劃」的重要項目，金碧坊活化了歷史建築，融合多元美食體驗，匯聚中、葡、日、泰、台等各國風味。

金碧坊共有八間人氣餐飲品牌，其中四間乃首次進駐澳門。

址 澳門亞美打利庇盧大馬路 105 - 109 號
交 巴士 2 、3A、5、10、11、21A、N3 至金碧文娛中心站

八方盈面美食

址 金碧坊地面層 G03 號舖
時 10:00~22:00

提供傳統中式麵食，特色菜品包括古法濃湯魚翅飯、原隻鮑魚花菇雙拼湯麵，如果覺得太離地，他們的古法清湯腩也不錯！

老闆希望把鮑參翅肚用平民價格帶給大眾，雖然用料不能與大酒家相比，不過他想到在湯底加入翅骨，做出同樣的鮮味。

古法濃湯魚翅飯 / 麵 (MOP$86)

水門 1982

址 金碧坊地面層 G06 號舖
時 12:00~20:00

主理人阿 Joe 是澳門土生土長的泰國華僑，自幼在家中學會泰國多個地區的菜系，泰國東北、南部、中部甚至部分幾近失傳的宮廷菜都能駕馭。他在銀河的百老匯大街及關前街附近的爛鬼樓也分別開了泰式粉麵店和 Fine Dining 私房菜。

船麵（MOP$48）

阿 Joe 說這款船麵很多材料都是泰國直送，包括牛丸，和可以吃到豬軟骨的豬肉丸。但最特別還是湯底，這是泰國一種古老的產後補身湯底。用了豬骨、花椒八角等熬煮，最後用一種叫「諗讀」的手法（有點像薑撞奶的做法），把豬血撞入湯底。雖然用上豬血，卻吃不到血的味道。

舞龍麵館

址 金碧坊地面層 G08 號舖
時 10:00~22:00

我認為舞龍的定位頗像關前街的阿志麵家，同樣有 XO 醬龍蝦湯麵和 XO 醬爆瀨尿蝦湯麵，但這裏多了碟頭飯選擇，而且價錢豐儉由人，從 MOP$98 的龍蝦麵到 MOP$28 的 XO 醬撈麵都有，加上座位多，亦比較舒適，是很大的優勢。

XO 醬龍蝦湯麵（MOP$98）

有別於阿志麵家，他們以 XO 醬為醬料，蝦肉比較乾身，可能解凍手法有所不同。

森仔加油站

址 金碧坊地面層 G01 號舖
時 10:00~22:00

以澳娛綜合吉祥物「森仔」為名的飲品攤檔，店員都是從旗下酒店的餐飲部門調派過來。這裏必點是「**養生燕窩鮮奶茶**」，用北海道特選 3.6 牛乳與燕窩沖泡，開幕初期只賣 MOP$25。燕窩分量很多，口感有點像珍奶中的仙草。

時甜品店

址 金碧坊地面層 G02 號舖
時 10:00~19:00

由「鏡粉」開設的甜品店，每道甜品都以 Mirror 的歌名來命名，例如 "go green" 是茉莉青提口味的提拉米蘇、「抱抱無尾熊」是伯爵茶口味奶凍，而且在該店打卡便會送偶像掛件。不過我第二次到訪時他們已經把歌名改回普通甜品名字，店員解釋是怕一般客人不明所以。如果你是鏡粉，不妨和店員交流一下，相信他們會很高興。

瑞珍冰室

址 金碧坊地面層 G07 號舖
時 10:00~19:00

瑞珍冰室**由台灣著名三文治老字號洪瑞珍開設**，是全亞洲首家以台灣眷村美食為主題的店。招牌菜有寶島滷肉飯、老眷村紅燒牛肉麵和滿漢三文治，不過瑞珍的出品與我對台灣風味的認知很不一樣，他們對每道菜的處理都有獨特見解。

古早嘉義雞肉飯（MOP$49）

台灣雞肉飯的特色在於清爽不膩，雞油的香氣滲入米飯中，帶有濃郁而不過鹹的風味，而手撕雞肉則保留了纖維感。不同地區的雞肉飯也略有差異，例如嘉義使用溫體雞肉，肉質鮮嫩；而台北、台中等地則多用冷凍雞肉或雞胸肉，口感稍乾。

瑞珍的雞肉飯有種反其道而行的感覺，**濃稠的醬汁反成為主角**，雖然味道適中，如果不是主廚坐在我面前，我會懷疑是出自廣東大廚之手。而原本帶纖維感的手撕雞肉亦變得嫩滑起來，有點像慢煮雞肉的口感。分量方面幾乎是台灣大雞肉飯的兩倍以上！大廚解釋是為本地市場而作出改良，所以味道應對澳門人較有親切感。

老眷村紅燒牛肉麵（MOP$65）

台灣紅燒牛肉麵以濃郁湯頭、軟嫩牛肉和勁道麵條聞名。湯頭由牛骨、牛腱、蔬菜及中藥材長時間熬煮，再加入豆瓣醬、醬油、冰糖等調味，味道豐富且層次分明。牛肉選用牛腱或牛肋條，燉煮至入口即化，搭配手工製作麵條，富有嚼勁且能吸附湯汁。

瑞珍的老眷村紅燒牛肉麵湯頭甘甜厚重，像是由大量蘿蔔蔬菜煮出來。可能落戶到澳門需要創新，一般選用牛腱或牛肋條，這裏**除了牛筋，更有毛肚和金錢肚**，連澳門近年流行牛雜經濟這個概念也放進牛肉麵之中。其實台灣的三寶牛肉麵亦會有牛筋和牛肚，不過這碗老眷村紅燒牛肉麵就自動升級了。

招牌寶島滷肉飯（MOP$49）

主廚送贈了一碗小份的東部口味滷肉飯讓我品嚐，正價的滷肉飯會大一倍有多。台灣的滷肉飯很特別，大家都知道滷肉飯長甚麼樣子，卻沒有一家是一樣的，濃稠度、鹹甜的比例、滷肉的大小肥瘦都各有做法。瑞珍的招牌寶島滷肉飯據説是宜蘭老眷村口味，**膠質比較重，甜度也高**。吃起來的確有種像台南富有人家吃的「阿舍菜」味道。鹹香來自「海米」（較大的海蝦），乾燥程度更高，顏色較深，口感結實，所以這個滷肉飯帶點 XO 醬的味度。滷肉的肥肉切得很大粒，細嚼有種豬油香。

我在前文有提到金碧坊的瑞珍冰室是超出我認知的台灣風味，而「正好 TU A HO」則是我認為「情理之中意料之外」的台灣風味。

2024 年 8 月

OPEN

正好
TU A HO

址 澳門草堆橫街 3-5 號 A 舖

時 12:00~21:30（最後點餐 21:00）

電 (853)6533 9881

交 從關前街步行，或乘巴士 18 至草堆街站，走進 OLÁLÁ 對面的巷子中

想在澳門品嚐地道又創新的台灣美食嗎？那就不能錯過「正好 TU A HO」！這家隱身於草堆橫街的小店，可不是普通台菜館，而是把台灣味道玩出新花樣的美食寶地！

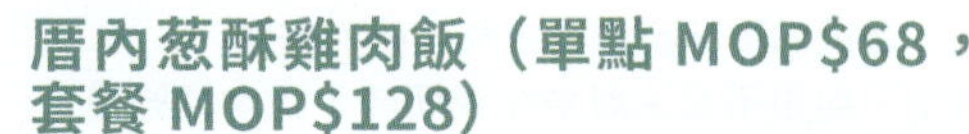

厝內葱酥雞肉飯（單點 MOP$68，套餐 MOP$128）

古厝指古民居，厝內葱酥雞肉飯是將燜煮過的雞肉撕成絲，搭配台東池上米，再淋上反覆煸炒的油葱醬汁，每一口都充滿雞肉的鮮嫩與油葱酥的香脆。

「正好 TU A HO」獨特的餐點

點餐的餐單同時是一張明信片，用餐後可以帶回家留念。

上餐前奉上一塊在台灣家傳戶曉的麵包點心「蘋果麵包」，是店主的兒時回憶。

套餐的開胃小菜有小黃瓜一夜漬、醃漬台式泡菜及紫蘇梅釀番茄。

「正好 TU A HO」雖然隱身橫街窄巷，但店面是以未來風格的概念設計，藍白相配的簡潔牆身，簡約風的員工製服，所有符號意像都投射出店主對概念店的想像。有遠大的夢想必須要有底氣來承托，而「正好 TU A HO」的底氣不是來自政府資助或大企業支持，而是食物的味道，在傳統的台菜基礎上加入一點創新和 Fine Dining 的儀式感。

餐後附上甜品芋頭冰，這是店主兒時的回憶，奶奶說吃完飯就可以吃芋頭冰。

鳳梨鵝肝滷肉飯（單點 MOP$108，套餐 MOP$168）

滷肉乾身，肉粒有咬勁，並以肥瘦均勻的豬肉烹調出濃厚滷汁。廚師選用乾身的滷肉是為了搭配油潤的鵝肝，以免互相搶戲。他更以酸甜的菠蘿減輕鵝肝油膩感。菠蘿之上還有一層薄薄的焦糖，令味覺層次更豐富。此外店家亦有不配鵝肝菠蘿的家傳手切滷肉飯。

蒜香燉雞腿湯（MOP$68）

它的原型就是台灣的蒜頭雞湯，是以整顆蒜頭和土雞為主要食材的傳統滋補湯品，但這裏以雞小腿代替土雞。將帶皮蒜頭和雞腿一同熬煮，使湯頭充滿蒜香且濃郁鮮美。蒜頭經長時間燉煮後，口感軟糯且不嗆辣，反而帶有甜味，與雞肉相得益彰。這道湯品不僅美味，還有驅寒、增強免疫力的功效，特別適合冬季進補或體虛時飲用。

剝皮辣椒雞湯（MOP$68）

剝皮辣椒以花蓮出產的最享負盛名，具有獨特的微辣與清香，與雞肉一同熬煮，讓湯頭鮮中帶有微辣和甘甜。這道湯品不僅溫暖身心，還能增進食慾、驅寒暖胃。這裏的剝皮辣椒雞湯比較辣，喝得微微冒汗，不習慣吃辣的朋友可能受不了。

Portucau 澳葡坊

如果你想找既有澳葡風情，又有濃厚懷舊氛圍的餐廳，澳葡坊絕對值得一試！這家店位於旅遊熱點噴水池附近的板樟堂巷，裝潢設計相當有特色。菜式由葡萄牙行政總廚 Pedro Almeida 主理，提供正宗的葡國菜和澳門土生菜。

由於這家店人氣超高，飯市時間在外面排隊的人都比較多，建議先用電話預約及提早到現場。

澳葡坊的出品分量很「精緻」，在水杯、牙籤桶和椒鹽罐的對比之下，每一碟食物的尺寸都彷彿進入了「愛麗絲夢遊仙境」般夢幻。

址 澳門板樟堂巷 7 號
電 (853)2859 6336
時 12:00~15:00、18:00~22:30
交 巴士 101X、18A、19、26A、3、33、3X、4、6A、8A、N1A 至新馬路 / 華僑站

牆上掛着「中、秋、月、餅」的古董招牌也是辨識度十分高的設計。

焗鴨飯（MOP$258），單看名字和價錢是猜不到分量大概只有一人份。

八爪魚沙律（MOP$88）

蒜香芥末牛柳粒（MOP$88）

非洲雞（半隻 MOP$178）

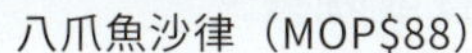

這家店在逆市走紅可不是沒原因。雖然始於 2019 年，但真正火起來是在 2020 年大改裝後。現在的裝潢誇張大膽，門口放了一輛半截的古董車，並改裝成小型吧台，超吸睛！

澳葡坊的價格算不上「抵食」，但性價比不錯。以旅遊旺區的餐廳來說，這裏的人均消費約 MOP$200~300。雖然分量不大，但勝在味道好、環境特別，還能多試幾款菜式。如果單純想飽餐一頓，這裏可能不是最划算的選擇，但如果想邊吃正宗葡國菜，邊感受獨特的懷舊氛圍，澳葡坊可說是考慮之列。

店主收藏了大量舊雜誌、古董收銀機、時鐘等雜物，比澳門舊物集散地的爛鬼樓更加爛鬼樓，像一個小型博物館。

天花掛滿紙傘和雀籠，令氣氛馬上出來。

金福龍 葡式牛扒 茶餐廳

址 澳門營地大街吉慶巷 26 號地下
時 11:00~23:00
電 (853)2892 1218
交 巴士 101X、18A、19、26A、3、33、3X、4、6A、8A、N1A 至新馬路 / 華僑

焗魚飯也是一絲不苟，飯底是蛋炒飯，魚扒以外有水欖、葡國腸、洋葱、青椒、椰菜、薯仔等，分量很足，也很有土生葡菜的風味。

如果不計較裝潢，不計較擺盤，只求簡簡單單，**以很合理的價錢品嚐澳門葡菜**，金福龍是個不錯的選擇。它隱藏於旅遊旺區噴水池旁營地大街的內巷，地點不好找是缺點也是優點，特別在旅遊旺季，各大名店大排長龍的時候，它可能是你的救贖。而且價錢貼地，一個套餐 MOP$59，是民生價的茶餐廳價錢，可以和家人朋友來一頓溫馨的午餐或晚餐。

芝士咖喱焗牛扒飯套餐才 MOP$59，它有點像焗骨飯的做法，牛排有炸過，加上咖喱汁，辛香味很夠，再加入大量芝士去焗，看上去有點油膩，不過跟飯很配合。

或者你擔心會否一分錢一分貨？如果回到那個沒有網紅打卡的年代，我們不需要用影像去取決食物的優劣，單純從吃的本心出發，味道還是很不錯的。金福龍位處這個地方，沒有飢餓行銷的人龍，但有店員禮貌的服務、合理的價錢和有本地特色的味道，我認為是值得向不同定位的食客推薦的。

焦糖雞蛋布甸做得很粗獷，質感結實，有濃厚蛋香。

這裏也有供應木糠布甸，真的麻雀雖小，五臟俱全。

店內裝潢簡樸，以食物為主打，沒有過多花俏裝飾，但勝在氣氛熱鬧，充滿地道港澳風味。價格算是中等偏高，但考慮到用料新鮮、分量足，還是頗有性價比。

鳳城康記飯店

址 澳門下環 185 號地下
時 18:00~03:00
電 (853)2896 5992
交 巴士 11、21A、55 至河邊新街 / 貨倉巷站

這家店的料理風格偏向傳統粵菜，除了海鮮骨煲，還有各式海鮮料理和小炒也鑊氣十足，頗受好評。

不少朋友向我表示對澳門的骨煲感興趣，令我想起一家專吃骨煲的大牌檔，但由於非常受歡迎，就算店家擴充了好幾倍面積仍然一桌難求。作為澳門骨煲界的教科書，從初興起做到現在達 30 多年，鳳城康記是值得一試！不過，由於生意實在非常不錯，建議提前訂位或避開高峰時段前往。

海鮮豬骨煲（MOP$380）

鳳城康記的海鮮骨煲可說是招牌必點！用上大骨熬製湯底，味道濃郁香醇，再加入新鮮海鮮，例如大蝦、水蟹、貝類等，湯頭更鮮甜。

不只是湯好喝，裏面的海鮮和配料也很豐富，常見的有冬瓜、雞腳、魷魚、龍蝦丸，吸滿湯汁後特別入味。而且這煲湯上桌時會用小火保溫，愈煮愈濃，適合三五知己或家庭聚餐慢慢享用。

享咖啡位於三巴仔里，臨近聖老楞佐教堂等景點，步行即可到達。由於店舖隱藏在小巷中，建議使用導航尋找。

址 澳門三巴仔里南豐大廈地下 B 座
時 週二至日 12:00~22:00
休 週一
交 巴士 9、16、18、28B 至風順堂街站

如果在南區一帶逛街時，忽然想找個地方坐下來喝杯咖啡，吃點好料，又不想去人滿為患的連鎖店，我推薦去享咖啡（Kariomon Cafe）看看。

在享咖啡對面的三巴仔商店，一樓是享咖啡的廚房，二樓是賣點小商品和服飾的小天地。用餐完畢，店員會發一個代幣給客人去三巴仔商店抽扭蛋。

左口魚拼三文魚丼（MOP$118）

除了咖啡厲害，這裏的定食更是讓人欲罷不能！油脂豐富的左口魚被火炙燒得油香和焦香味輕輕溢出，配上新鮮三文魚刺身，鮮甜爽口，配上新鮮明亮的無菌雞蛋，色、香、味都同時得到滿足。

這是一間藏在巷子裏的隱世小店，低調中帶着一股日式文青風。走進店裏，木質桌椅、橙黃燈光，還有二樓的榻榻米座位，彷彿瞬間穿越到日本的街角咖啡館。無論是來獨自發呆，和朋友聊天，還是單純想吃點好吃的定食，這裏都會滿足你。

慢煮牛扒丼（MOP$109）

這道丼飯可不只是隨便煎個牛扒鋪上去那麼簡單。店家用低溫慢煮的方法，鎖住牛扒肉汁，做到外粉紅、內多汁。切成厚薄適中的牛扒，一片片整齊地鋪在熱騰騰的米飯上，每一口都嫩滑多汁，鮮香四溢！重點是，旁邊還搭配無菌雞蛋和葱花，輕輕一戳，蛋黃流淌在牛扒和米飯上，完美融合，讓丼飯滋味瞬間升級。

明太子玉子燒（MOP$39）

想吃點輕盈的？那就試試明太子玉子燒吧！滑嫩的玉子燒包裹着鹹香的明太子，沾點醬油或直接入口都好吃。

蟹肉蟹膏芝士玉子燒（MOP$52）

如果能夠吃鹹一點，可以試試蟹肉蟹膏芝士玉子燒，蟹膏的鹹香與芝士的鹹味交織，就算不沾醬油味道已經夠豐富。

博物館位於新口岸澳門綜藝館旁邊。

澳門大賽車博物館

- 址 澳門高美士街 431 號
- 時 10:00~18:00（最後入場時間 17:30）
- 休 週二
- 費 （12 歲以上至 65 歲以下）80 元、（12 歲或以下及 65 歲或以上）40 元、3 歲或以下免費
- 網 mgpm.macaotourism.gov.mo
- 訂 mgpm.macaotourism.gov.mo/zh-hant/about/ticketing
- 郵 mgpm@macaotourism.gov.mo
- 交 巴士 1A、3、10、10B、10X、23、28A、28B、28C、29、32 至金蓮花廣場

澳門大賽車博物館是為慶祝澳門格蘭披治大賽四十週年而興建，首建於 1993 年，主要介紹澳門格蘭披治大賽的歷史以及相關知識。2021 年 6 月重建後有大幅度升級，展覽面積亦擴展至 16,000 平方米。

1 樓的澳門格蘭披治大賽區，展示舒密加等著名賽車手的出賽戰車。

地庫層是東望洋大賽及澳門 GT 盃區域，這裏最多遊戲及打卡位，包括賽事長知識區、賽事指揮中心、車隊指揮台、賽車空氣動力學解析、百變賽臉、頒獎台、車手服飾影併、成績排行榜等教學及遊戲設備，娛樂性十分高。

地面層是入口及售票處，觀眾亦可憑票辦理入場證登記，記錄場內的遊戲積分作紀念。同層亦有精品廊售賣賽車相關的紀念品。

博物館的 1 樓是澳門格蘭披治大賽區，有冼拿紀念室和回憶長廊等展覽區域，還有車手反應挑戰、重力速度挑戰等互動遊戲。

除原有展品外，還增設大量教學及互動設施、VR 模擬體驗和拍照區域，大大提高趣味性。2023 年旅遊局更與香港杜莎夫人蠟像館合作，於博物館展出 8 位國際知名賽車手的蠟像，可見展館重開後內容不斷擴展，若已經參觀過重建前的賽車博物館，這次可能要花三到四倍時間遊覽，不過現在也可在官網線上作虛擬參觀。

2 樓是澳門格蘭披治電單車大賽區，有電單車解構、英雄盃等展品外，更有最受歡迎的格電 VR 速感體驗，戴着 VR 設備便可體驗在澳門東望洋賽道上的極速奔馳。

媽閣站的啟用標誌着澳門輕軌服務的擴展，提供更多元的公共交通選擇，促進澳門半島與氹仔之間的聯繫。

交 巴士 1、2、5、6B、10、11、18、18B、21A、61 至媽閣交通樞紐

媽閣站附近有著名的媽閣廟、媽閣炮台和聖雅各伯小堂等景點，可輕鬆前往參觀。此外，透過媽閣交通樞紐的巴士路線，可前往紅街市、白鴿巢和葡京等地，進一步提升出行便利性。

媽閣站是澳門輕軌氹仔線的終點站，位於澳門半島西南部的西灣湖景大馬路，於 2023 年 12 月 8 日啟用。

該站為地底車站，與媽閣交通樞紐相連，方便乘客在輕軌與巴士之間轉乘。媽閣站的開通使輕軌服務首次連接氹仔與澳門半島，由氹仔海洋站跨海至澳門半島只需 4 分鐘，為市民和旅客提供更便捷的出行選擇。

這裏不僅適合拍照打卡，更是約會、閨蜜聚會或獨自小憩的好去處。建議提前預約，以免錯過一場貴族級的下午茶時光！

2023 年 12 月
REOPEN

聖地牙哥古堡酒店

址 澳門民國大馬路聖地牙哥古堡
時 10:00~22:00
電 (853)2855 1524
郵 reservation@saotiago.com.mo
交 澳門輕軌媽閣站對面

想在古堡裏享受貴族般的下午茶？聖地牙哥古堡酒店的下午茶絕對值得一試！這座 17 世紀的古堡曾是軍事要塞，如今搖身一變，成為澳門最具歷史氛圍的酒店之一。它正位於輕軌媽閣站對面，過去因建設交通樞紐而停運三年，於 2023 年 12 月逐步恢復營業。

酒店的 Cascata Bar 與 The Terrace 露天茶座，提供經典英式下午茶，包含精美手工點心、三文治、鬆餅配果醬及奶油，還有各式茗茶與咖啡。坐在綠意環繞的露台，欣賞內港的寧靜景色，讓人完全放鬆。

媽閣塘片區位於澳門半島西南部，在澳門輕軌媽閣站與媽閣廟之間，曾是媽閣村的避風塘和政府船塢，現保留澳門現存較完整的海事歷史文化與工業廠房片區風貌。區內結合歷史建築、特色小店和懷舊文化。隨着美高梅媽閣塘活化計劃的推動，片區融入文創、藝術展覽和特色餐飲，成為集歷史、文化和現代生活於一體的文化旅遊社區。

媽閣塘片區

交 澳門輕軌**媽閣站**旁，亦可乘坐所有到達媽閣總站的巴士前往

輕食茶座與特色餐飲

「大鐵棚食堂」引入輕食茶座和特色餐飲，為遊人提供休閒聚會的場所，體驗本地飲食文化。

文創銷售

文創產品銷售區域「Barra 年年好市集」展示和銷售本地藝術家和設計師的作品，聯動多個亞洲地區的藝文單位及藝術夥伴，推動文化產業發展。

美高梅對媽閣塘片區的活化曾作出多方面嘗試，把該區打造成具本地特色且可持續發展的公共空間。計劃中的項目和設施包括文創銷售、藝術展覽、餐飲及寵物友善空間。

藝術展覽

展覽空間「海事工房 1 號及 2 號」定期舉辦各類藝術展覽，例如「張藝謀工作室」展示了多元藝術作品。

藝術展演與裝置

舉辦各類藝術表演和設置公共藝術裝置，豐富社區文化生活。

寵物友善空間

在海事工房 2 號室外空間設立狗狗玩樂區，亦首創「週末寵物專用車」接載狗主及狗隻到片區，營造寵物友善環境。

我認為媽閣塘片區活化的最大價值在於讓媽閣塘釋出更廣闊的內街，有效連通澳門輕軌媽閣站與媽閣廟一帶民生區，改善了澳門輕軌媽閣站昔日「兩頭唔到岸」的狀況，以及製造具吸引力的旅遊資源，從而真正方便居民及旅客利用輕軌從氹仔海、陸、空三大口岸到達澳門南區。

大鐵棚食堂是媽閣塘活化計劃中的一個特色美食區，設計靈感源自澳門傳統的街頭美食文化，旨在營造懷舊而又現代的用餐環境。這裏不僅是品嚐美食的好去處，也是感受澳門文化魅力的絕佳場所。

2024 年 11 月
OPEN

大鐵棚食堂

址 媽閣塘片區內
時 12:00~00:00
費 免費入場
交 澳門輕軌媽閣站旁

場內有大型吹氣遊樂設施以及歌手唱歌表演助興。

好好食堂

好好食堂是關前街好好喝茶的分店，主打的台式滷味和滷肉飯都十分出色，是澳門為數不多有提供台式滷味的地方。

大鐵棚食堂匯聚了多家本土餐飲商戶，提供多樣化選擇。商戶透過創意料理和傳統風味的結合，為食客帶來獨特的美食體驗。但要注意的是，因場地問題，這裏的來水、清洗、排污及加熱設備都受限制，部分食肆可能要靠預製加熱，如非提供一次性餐具，亦只能作有限度清洗，對此比較在意的話要有心理準備。

大澳老友記

之前在美食嘉年華初登場，主打手工甜品和小吃，如芋頭西米露、芝麻糊和咖喱魚蛋等。

阿志麵家

阿志已在本區作多次介紹，例如關前街的龍蝦拉麵，康公夜市的牛雜。來到大鐵棚食堂，又遇到它賣羊腩煲，幾家店都做得紅紅火火。

爸爸廚房

以澳門的水渠蓋為原形而設計的渠蓋夾餅，有多種口味，亦有大小兩種尺寸。本書的 2024 年版有提到爸爸廚房受困於隱世街區正苦苦尋覓新址，現在受惠於媽閣塘活化計劃，最後落戶於大鐵棚食堂。

Planet Ice Cream

是澳門一家很有活力的知名手工雪糕店，其製作的雪糕十分「靚仔」，頗受一眾網紅歡迎。

文哥龍蝦煲

澳門人氣食肆，疫情後遷店至永樂戲院側的新橋花園內，同時大鐵棚食堂亦是另一個重新開業的地方。以大牌檔形式提供以波士頓龍蝦為主的火鍋，如冬日最受歡迎的龍蝦羊腩煲，羊腩大件，龍蝦鮮美，湯底金黃。

澳門咖啡地圖

2024 年 10 月
OPEN

這家店由 Mind Café 推薦：這是澳門咖啡師都喜歡去的咖啡店。

More. Coffee

址 澳門夜㕭街 13-BA 號同興大廈地下 B 舖
時 10:00~18:00
休 週三
交 巴士 1、2、5、6B、10、11、16、16S、21A、26、55、60、65、71S、MT4、N3 至司打口站

More. Coffee 前身為 Matchup，是一家精品咖啡店。提供自家烘焙的咖啡豆，並以創新的方式製作咖啡。

小王子星球（MOP$49）

More. Coffee 的店長告訴我這是他第二次創業，第一次創業時只求追求極致，不計成本；第二次做了一些調整，也作出一些妥協，除了咖啡，也創作甜品，例如人氣款式「小王子星球」，是雲呢拿雪糕加布丁。

店內有售賣自家烘焙咖啡豆。

More. Coffee 的咖啡豆是自家烘焙，最厲害之處是他們能把美式咖啡沖出手沖咖啡般的細膩口感，每一口都濃郁香醇。店家還代理日本知名咖啡品牌出品，像是 Mel Coffee 和 Leaves Coffee，讓你不用飛去日本，也能喝到正宗日系風味。

店長說很在意水質，每天沖泡咖啡用的水都有專業的過濾系統在運作，這一點點差異，他們咖啡師之間會喝得出來。

如果不是 Monday Struggle 老闆推薦，我仍然會覺得這是由退休老伯伯在賣 MOP$30 一罐可樂的小吃亭，只有觀光客才會去。後來才發現已經外判給有誠意的咖啡師，現在是一個認真在沖泡咖啡的地方。

這家店由 Monday Struggle 推薦：這裏的咖啡其實也不錯。

光希亭

2023 年 12 月 OPEN

址 澳門亞婆井前地
時 週二至六 10:00~18:00、週日 12:00~18:00
休 週一
交 巴士 18、28B 至亞婆井前地站

光希亭位於亞婆井前地，是由 Mute Roaster 經營的咖啡亭。Mute Roaster 成立於 2018 年，致力精選世界各地優質咖啡生豆，並在澳門烘焙出不同產地的風味。

仙人 Dirty（MOP$48）

仙人究竟有幾 Dirty 呢？原來這是一杯玩食字的咖啡，用仙人掌粉紅色的果肉榨汁，與牛奶混合做成略帶微酸的基底，再加入咖啡，最後灑上爆炸糖。喝的時候爆炸糖在口腔爆發，充滿玩味。

光希亭也有賣 Long black 這種基本口味咖啡，而且每日供應多款新鮮烘焙的咖啡豆，並提供手沖咖啡、意式咖啡等多種選擇。此外還售賣多款貝果、肉桂卷等糕點，為顧客帶來豐富的味覺體驗。

2023 年中
RELOCATE

9B

這家店由 More. Coffee 推薦：這是被嚴重低估的咖啡店。

址 澳門媽閣街 5AB 友鴻大廈地下 B
時 11:00~19:00
休 週日
電 (853)6667 9267
交 巴士 18、28B 至亞婆井前地站

店名取自遷店前的門牌號碼 9B，遷店後仍然保留下來。

如果不是 More. Coffee 店長推薦，我在這條街經過千次萬次都不會發現這家咖啡店。它隱藏在一家服裝店之內，而且店面小小的，不容易被發現，會來這裏喝咖啡聊天的，大概只有圈內人。

9B 是家獨特小店，融合了 3C 原素：Coffee（咖啡）、Clothing（服裝）和 Conversation（交流）。

Coffee（咖啡）

9B 提供特色手沖咖啡，選用精選咖啡豆，為顧客帶來細膩的口感體驗。店主 Daphne 說沖咖啡的樂趣來自當每一款咖啡豆到她手上，思考如何讓味道獲得平衡的過程。

Clothing（服裝）

Daphne 常在官方 Instagram（9bmacau）發佈新到貨品，方便客人預購。

Conversation（交流）

店主重視與顧客之間的互動，許多上班族常來此享用咖啡，進行輕鬆的交流。無論是否購物，Daphne 和狗店長「阿匪」（IG：French_fei）都樂於與顧客分享生活點滴。

喝咖啡之餘，店家還供應熱巧克力，這是用世界巧克力界翹楚，來自香港的 SLOK Chocolate。Daphne 說做這杯熱巧克力的技巧是要慢慢加熱，一滴水也不加，這樣才不會沖淡巧克力的原味。

菻咖啡
（Lam Coffee）

這家店由好好喝茶推薦：雖然有點貴，一杯咖啡近百元，不過懂咖啡的人會覺得物有所值。

址 澳門草地圍 13-C 榮麗大廈地下 B 座
時 週一至三 11:00~19:00、週五至日 11:00~21:00
休 週四
電 (853)6208 1111
交 在鄰近關前街、大三巴附近的步行區內，只能步行前往

網上看到很多人反映這家店很不好找，它位於通往大三巴最繁忙街道前一個常人不會相信是入口的入口中，入口處有一咖喱魚蛋檔，上面寫着「草地圍」，進入後別有洞天，復行數十步，豁然開朗。

好好喝茶的老闆不是咖啡師，但也是一名茶藝師，而且很熱愛分享，他聽到我通過不同的職人咖啡師賭上自己名譽去推薦另一位同行的計劃很感興趣，他也熱情的向我推薦了幾家很了不起的咖啡店，其中一家是菻咖啡。

日式暗黑風裝潢讓整個空間看起來酷酷的，咖啡師在「屈尊駕菻」四個大字面前為我沖咖啡，還是首次飲咖啡有種「板前咖啡 Omakase」的感覺。我告訴咖啡師我的想法，他為我選豆沖泡一杯適合我的咖啡。

菻咖啡致力為顧客提供純粹的咖啡體驗。店方主打手沖咖啡，不提供牛奶咖啡或餐點，營造讓人專注於咖啡本身風味的空間，所以每一杯都是極致純粹的味覺享受。

店內座位不多，每位客人都可以直接與咖啡師交流，我跟咖啡師說，我剛吃完午餐，想喝酸一點的咖啡解膩。他幫我選好豆沖泡完之後並沒有倒進咖啡杯，而是倒進喝茶那種茶海。他給我一個聞香杯請我試喝一下，他說用茶杯喝會酸一點，果真如此，這是利用不同杯形的設計，令咖啡直達舌上感覺酸味的區域所致。從小小的把戲，就顯示出咖啡師對咖啡的深刻理解，由進入咖啡店的一刻，食客的味蕾已被他操控。

菻咖啡是手沖咖啡愛好者相聚的地方，而且對咖啡的定位也反映在價格上，對精品手沖咖啡愛好者而言，這裏物有所值又可與同好交流，但如果對咖啡沒有要求，同區亦有很多相宜的選擇。

南區
老字號推介

如果你以為澳門只有旅遊塔才有旋轉餐廳，那就大錯特錯了！隱藏在澳門維景酒店 26 樓的「璇宮」，是澳門僅存的兩家旋轉餐廳之一，也是最早的旋轉餐廳，自 1993 年開業至今已超過 30 年歷史。

璇宮餐廳

址 澳門新口岸北京街 199 號澳門維景酒店 26 樓
交 巴士 3、5X、10、10B、25B 至北京街假日酒店站

這裏不是網紅打卡熱點，沒有浮誇裝潢，卻擁有一種被時光封存的優雅。餐廳的裝潢、餐具甚至窗外景色，仍然帶着 90 年代的浪漫氣息。當餐廳每 45 分鐘旋轉一圈，澳門新口岸的夜景在眼前緩緩展開，金沙、星際、新葡京、中銀大廈等地標盡收眼底，彷彿置身舊時光的電影場景。

而最讓人驚喜的是，這樣一個擁有無敵景觀與歷史韻味的旋轉餐廳，價格卻意外親民。午市套餐百多元就能吃到牛扒、燒雞或海鮮，晚市則可以單點更精緻的佳餚。

璇宮必試菜式

沙巴翁汁焗日本蠔（MOP$88）

這道菜來頭不小。沙巴翁汁（Sabayon）可追溯到 16 世紀的意大利，原本是用蛋黃、砂糖與馬沙拉酒打成的甜醬，通常用來搭配餅乾或水果。璇宮將這款醬汁與鮮美多汁的日本蠔結合，焗烤至表面微焦，酒香與蛋香融合，口感綿密細膩。

特選七打牛柳（MOP$768）

這道菜源自法國一位政治家，由於他一天只吃一餐，於是讓廚師準備雙倍分量的牛扒，這道菜便以其姓氏命名。

牛扒使用牛腰肉最核心部位，脂肪含量極低，卻嫩滑多汁。璇宮的做法不搞花俏，只簡單煎封，精準掌控火候，每一塊切開都是完美的嫩紅色，肉汁四溢，入口即化。這道菜分量十足，適合 4 至 5 人分享。特別一提，這道菜的配菜不是普通薯泥，而是紫薯蓉，口感細膩微甜。

火焰焗雪山（MOP$55）

這道經典甜品已逐漸淡出人們視野，但璇宮仍然保留下來。滿滿的奶油蛋白霜包裹着甜酒浸漬的車厘子，上桌後，侍者淋上點燃的甜酒，瞬間火光四射，成就一場視覺與味覺的雙重饗宴。

為甚麼要來璇宮？

- 全澳僅存的老牌旋轉餐廳，歷史悠久，氣氛獨特。
- 菜式既懷舊又經典，做法正宗，價格合理，CP 值高。
- 360 度環景視野，俯瞰澳門新口岸的繁華景色。

快艇頭街上有好幾家咖啡室，少說也默默經營了十多年，是附近街坊天天都會來的聚腳地，所以沒有那種被過分渲染的澳門純樸味道。一次偶然機會，我和美食同好「三口八胃」聊起，她就帶我來到她的寶藏咖啡室。

德豐咖啡美食

址　澳門快艇頭街 11-13B 鏡興大廈地下 B
時　07:00~20:30
交　巴士 18 至十月初五街站，或從關前街沿路過去

這裏的確有本地街坊也有老食客，仍然過着邊看報紙邊看新聞的咖啡室慢活時光，所以店內一角放有報紙供借閱。不過出乎我意料之外的是，這「澳門味道」比我想像中有創意，老闆千奇百怪的研發精神應該令這店不怕被 AI 取代。

XO 醬煎蛋牛脷包（MOP$35）

「三口八胃」告訴我，這裏有很多食物都是老闆和客人聊天時聊出來，例如這個 XO 醬煎蛋牛脷包，將該店馳名的 XO 醬煎蛋和牛脷包結合，成為招牌菜。在我看來牛脷本身是吃其質感，但加上惹味的 XO 醬煎蛋，馬上把牛脷包的味道提升，牛脷也嫩而不膩。

的骰小雲吞（MOP$31）

用充滿彈性的燕餃皮包裹豬肉蓉，做成意大利小雲吞的迷你尺寸，再用紫菜蛋花湯做湯底，一口一隻，十分過癮。

芝士薯餅蛋餅（MOP$15）

據說老闆曾經在台灣留學及生活，於是把台式蛋餅的技藝帶回來。一般台式蛋餅是放肉鬆、火腿、吞拿魚，而這裏則有創意地放芝士薯餅，吃上去出奇地搭。可惜的是有點油膩，可能是薯餅的緣故。如果怕油膩，他們還有青瓜絲肉餅以及粟米吞拿魚口味，還可自選配料。

雙拼撈麵（鹹蛋肉餅 + 蝦醬雞翼）（MOP$48）

鹹蛋肉餅是這裏的招牌，肉餅以五花腩和梅頭兩種部位手剁而成，加上鹹蛋黃，肉餅厚實有彈性，帶有鹹蛋黃的香味。老闆又推薦我們試試蝦醬雞翼，鹹香中帶點蝦醬味道，有點像南乳雞翼的風味。

XO 醬炒銀針粉加太陽蛋（MOP$46）

我發覺老闆很喜歡用 XO 醬入饌，這裏還有幾道 XO 醬菜式，應該是 XO 醬愛好者的福音。近年很少在菜牌上見到銀針粉的蹤影，有些人叫它米苔目、米篩目、老鼠粉等。這種中間粗兩頭尖形似老鼠的米粉，口感很特別，拌上 XO 醬是最佳拍檔。

除了味道，這裏不爭朝夕、不慍不火的務實經營方式也很澳門。

如果我只能推薦一家中餐廳讓你認識澳門，又如果你喜歡傳統粵式點心、經典燒味，還有那種舊式大酒樓的熱鬧氛圍，我會推薦澳門的聯邦大酒樓。

聯邦大酒樓

聯邦大酒樓以及主廚亮哥多年來獲得許多餐飲界的獎項。

址 澳門山邊街 16-28 號新口岸 5 樓
時 08:00~23:00
電 (853)2831 3313
交 巴士 6A、17 至南光大廈站，巴士 3、5、6A、6B、10 至治安警察局站

澳門的粵菜餐廳和網紅餐廳千嬌百態，而聯邦大酒樓在我心目中就是那種出品既不浮誇亦不草根，價格不會太貴但也不會廉價到要擔心食材來源問題，平淡中又有一兩道經典菜讓食客惦記。

聯邦大酒樓是澳門近四十年的老字號，規模大，菜式多，早上來喝茶，點心應有盡有，燒賣、蝦餃、腸粉，還有經典的釀尖椒是我所說其中一款讓食客惦記的菜式。

炸蛋球（中點 MOP$22.8）

說到讓食客惦記，聯邦的炸蛋球絕對是經典，它不會出現在點心紙，只會在臨近中午 11、12 點才會出一兩轉，週末或會多一點，人多時炸蛋球由廚房運送出來途中已經被食客截獲。這只是一個平凡的炸蛋球，就是用雞蛋、油及麵粉混合的麵糰炸起後在外加糖而成，主打熱和新鮮，外脆內香，充滿油香、蛋香和麵糰香，還有砂糖的甜。聯邦就是能把平凡的事做到不平凡。

大生魚兩味（MOP$188）

聯邦的海鮮也做得好，廣東傳統的清蒸，或近年流行的蟲草花花椒蒸龍躉也很出色。如果喜歡吃魚，這裏有大生魚兩味，在家裏既想喝湯又吃到肉，工藝繁複，不如在這裏吃。魚肉先起骨炒球拌翠玉瓜，起出來的魚骨與時蔬、豆腐煮湯，奶白色的湯很甜很滋潤。上菜時有三大碟，有湯、有菜、有肉，人少的話點這道菜已夠飽，這可能也是我點這道菜前要三思的因素吧！

價格方面，這裏算是中等價位，人均消費約 MOP$100-200，比一般茶餐廳貴一點，但比高檔中菜館親民。如果想體驗地道澳門飲茶文化，這裏是不錯的選擇。但要注意，早上茶市時段人流比較多，建議提早來找位子。

澳門夜繽紛

康公夜市，因為位於澳門十月初五街康公廟前地而得名，距離關前街、新馬路、十六浦等地點不遠。它是澳門近年在各區舉辦夜市之中愈辦愈旺的一個，除了得到街坊支持，遊客經過新馬路也會被那如鯽的人流和煙火氣所吸引。

康公夜市

址 澳門十月初五街（康公廟至新馬路路段）
時 逢週六、日 18:00~22:00
交 巴士 2、3A、5、5AX、10、10A、11、21A 至金碧文娛中心站，或 1、3、3X、4、6A、8A、18B、26、26A、33、101、MT4 至十六浦站

再往前走，發現幾檔都有賣澳門美食節之寶「大波龍」（大型波士頓龍蝦），有燒的、有蒜蓉蒸的，各施各法，各找各客。

遊走在康公夜市果然少不了牛雜之都的名物，就連關前街著名龍蝦拉麵店阿志麵家（P.67）也來開一檔賣牛雜。

毗鄰的津津有味廚房老闆說他是某博企的資深大廚，炮製牛雜別有一番風味，叫我也試試他的手藝比較一下。

鄰街蛇王芬的太史蛇羹。

除了「大波龍」，還有網紅吃播最愛的手臂長瀨尿蝦。在海鮮店吃此蝦要小心，通常至少賣 MOP$250 到 MOP$300 一隻，記得曾經有店家告訴我朋友是 MOP$250 一斤，因此點了四隻，誰知這種蝦一隻差不多一斤重，埋單時才知道四隻蝦吃了過千元，我朋友看到賬單時也差點嚇到瀨尿。不過在康公夜市比較便宜，店家說大的 MOP$100，小一點的 MOP$60，不過參考我朋友的經歷，我每次都會問清楚多少錢一隻，別問多少錢一斤。

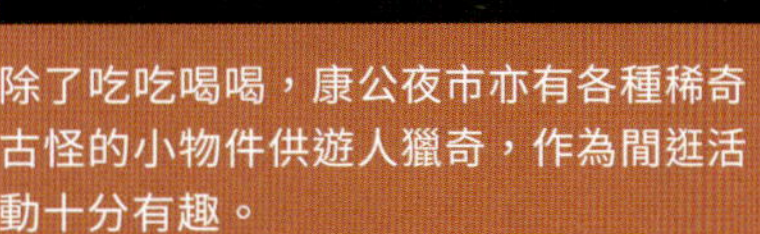

除了吃吃喝喝，康公夜市亦有各種稀奇古怪的小物件供遊人獵奇，作為閒逛活動十分有趣。

MAP

57 澳門美高梅 58 Monday Struggle 59 新鴻咖啡 60 觀音像海濱休憩區 61 御苑酒吧
62 公鷄餐廳 63 高雅扒房 64 澳門科學館

皇朝區

位於新口岸區，鄰近文化中心、澳門藝術博物館、澳門科學館和漁人碼頭，對喜愛看展、看舞台劇，甚至參觀博物館的旅客都很方便。如果喜歡逛街和美食，區內有不少購物商場、雅緻小店和各式餐廳，從地道的手沖咖啡店到高級餐廳應有盡有。

皇朝區交通便利，有多條巴士路線經過，無論前往澳門半島其他景點，還是過橋去氹仔、路環都非常方便。晚上可以到面向海邊的酒吧街，或去附近的漁人碼頭散步，非常愜意。

註：由於皇朝區與澳門南區只是一街之隔，故兩區地圖範圍略有重疊。

交通

	路線	站點
巴士	50、50B、60、7、MT1、MT2、N1A、N2	城市日前地
	12、23、39、3A、50、50B、60、65、7、8、MT1、MT2、MT5	城市日大馬路 / 波爾圖街
	12、17、17S、3A、3AX、60、8	孫逸仙大馬路 / 金沙
	12、17S、3A、3AX、5X、60、8、N2	新口岸 / 文化中心
各口岸酒店接駁車		澳門美高梅、澳門永利、澳門金沙酒店一帶

澳門美高梅

址 澳門外港新填海區孫逸仙大馬路澳門美高梅

交 從澳門機場、外港碼頭、橫琴口岸等均有免費接駁車直達，或乘巴士7、10A、29、50、50B、MT1、MT2、N1A、N2至城市日前地站

進入澳門美高梅首先被它的藝術氣息所包圍，初次到訪者都喜歡在天幕廣場拍照留念。這裏融合古歐陸、澳門與葡萄牙建築特色，以葡萄牙里斯本中央火車站的外牆為原型，時尚優雅。加上2024年年底保利美高梅博物館開幕，有近30件國家一級文物加持，再次吸引一眾藝術愛好者的關注。

旗下擁有7家各具特色的餐飲，中西俱備。

寶雅座

高端法國餐廳，重現20世紀30年代法式優雅氛圍，招牌菜為龍蝦鴨肝香酥盒。

盛事餐廳

自助餐主打海鮮與葡國菜，其龍蝦海鮮飯與午市套餐尤為出色。

食・八方旗下的北廚和南苑

精緻的中菜，相對金殿堂較大眾化，分為以北方料理為主的北廚和廣東菜為主的南苑，近年更引入潮州菜，令北廚和南苑各式菜系雲集，包羅萬有。

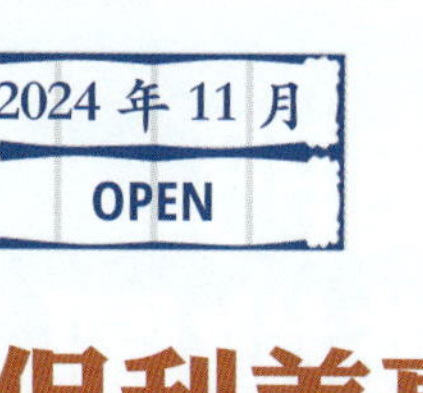

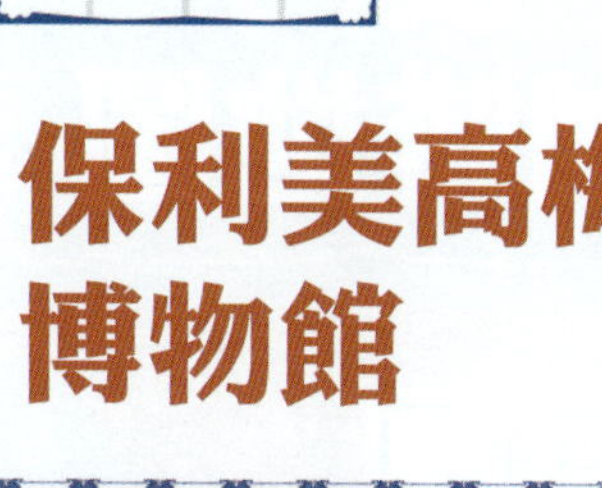

保利美高梅博物館

址 澳門美高梅 2 樓
時 週一至四 11:00~19:00、週五 11:00~21:00、週六、日及假期 10:00~20:00
費 免費入場
網 https://museum.mgm.mo/（建議網上預約）

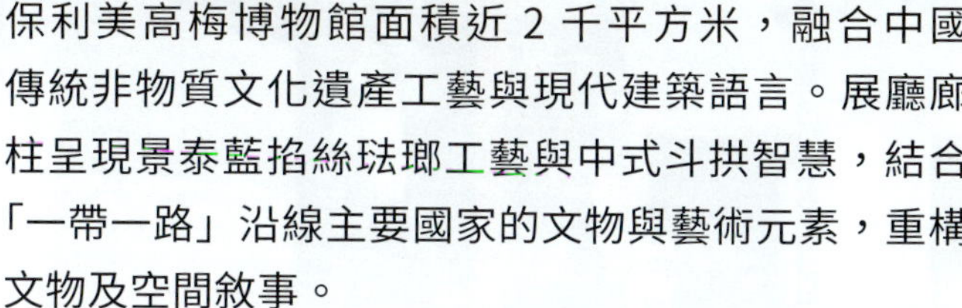

保利美高梅博物館面積近 2 千平方米，融合中國傳統非物質文化遺產工藝與現代建築語言。展廳廊柱呈現景泰藍掐絲琺瑯工藝與中式斗拱智慧，結合「一帶一路」沿線主要國家的文物與藝術元素，重構文物及空間敘事。

博物館採用創新科技，如 OLED 屏互動文物展櫃和定向音響系統，為參觀者提供沉浸式體驗。

首展《藍色飄帶 —— 探索神秘海域 邂逅絲路遺珍》以「海上絲綢之路」為題，展出 228 件珍貴館藏及國內外著名當代藝術珍品，其中約 30 件為國家一級文物。

是次展覽最矚目就是四尊圓明園獸首銅像，分別為牛首、虎首、猴首和豬首，曾在 1860 年被英法聯軍掠走，並消失了近 140 年，一番波折後重回到中國。其中虎首銅像更是通過拍賣方式，以 198 萬美元（約 1,500 萬港元）成交。每尊銅像的雕工極其精細，面部的絨毛、褶皺清晰可見。圓明園獸首銅像真品只留澳三個月，之後會換上經認證且像真度極高的複製品繼續展覽。

澳門咖啡地圖

2024 年 OPEN

Monday Struggle

如果不是 9B 的老闆娘推薦我也不知道這家寶藏店，因為網上介紹並不多。探店後看到這家店原來獲得不少炒豆獎項，牆上也貼滿他們炒出來各種款式和口味的咖啡豆供客人選擇，才知此店不簡單。

其後有媒體朋友更聲稱這裏的自家製 Galeto 更是全澳最好味，可幸沒有大肆宣揚成為長龍店，將來定會成為這一帶中小學生的童年美味。

這家店由 9B 推薦：這家的 Long Black 很好喝。

店方獲得不少咖啡界獎項。

址 澳門宋玉生廣場（皇朝）洗星海大馬路 241 號恒基花園第二座地下 U 號舖
時 07:30~19:00
交 巴士 3A、3AX、5X、8、10A、12、17S 至新口岸 / 文化中心站

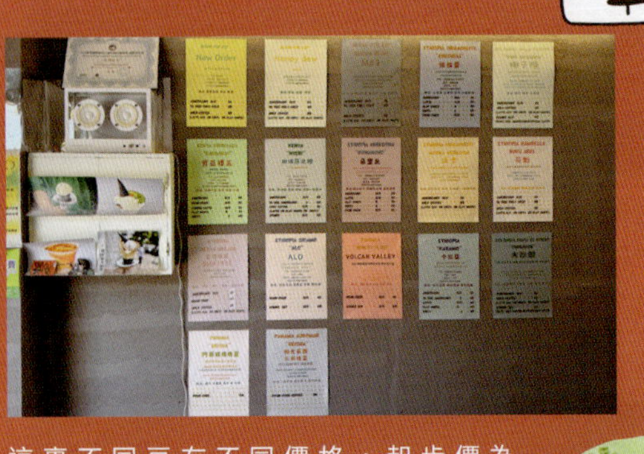

這裏不同豆有不同價格，起步價為 MOP$25-30，做法主要分美式（齋啡）、加奶（Latte、Dirty、Flat White）和 Combo，根據不同豆的特性有特別做法。

對一般人而言這或許只是一般的咖啡店，但對懂咖啡的人來說，會被這小店有提供這麼多種咖啡豆而感動到。

Monday Struggle 的自家製 Galeto（單球 MOP$18）以味道夠濃而令人稱道。雪糕筒外套上一個小飛盤是用以防止雪糕溶掉滴到手上，設計細心。

新鴻咖啡

址 澳門倫敦街 17 號
時 週一至六 08:00~21:00
休 週日
交 巴士 3AX、10A、17、17S 至宋玉生廣場 / 東南亞站

提到澳門的摩囉雞飯，北有彩香園，中有璐森小廚，南又怎能不提皇朝的老字號新鴻咖啡？店家憑藉這道菜在食客之間累積口碑，成為許多人懷舊與解饞的首選。

摩囉雞飯，其實就是炸雞髀配上香噴噴的黃薑飯，外表看似簡單，卻蘊含獨特的澳門風味。新鴻咖啡的版本，是雞髀炸得外皮金黃酥脆，內裏的雞肉仍鮮嫩多汁。

飯是用黃薑粉一起煮的米飯，粒粒分明，香而不辣，辣味來自比咖喱還要紅的特製醬汁，搭配雞髀一起吃，雖然熱氣卻很過癮。

配料有標準的火腿絲和提子乾，重點是炸薯條，不是一般快餐店的薯條，而是將原隻迷你薯仔厚切的的脆薯，口感甘香有層次。

食客評價如何？

這道摩囉雞飯在本地人與遊客間的評價不一。有些人覺得雞髀炸得恰到好處，飯的香氣也剛剛好。也有部分食客認為，雖然炸雞香口，但口味上較為普通。我則認為這個摩囉雞飯的醬汁夠辣又惹味，印象深刻。

觀音像
海濱休憩區

址 澳門孫逸仙大馬路
時 07:00~23:00
交 巴士 3A、5X、8、12、17S、60、N2 至新口岸 / 文化中心站

如果在煩惱帶小朋友去哪裏放電，自己又想輕鬆偷閒一下，那觀音像海濱休憩區是不二之選。這裏的總面積約 15,000 平方米，從科學館一路延伸到觀音像沿岸，都是免費的玩樂天地。

兒童碰碰車場是小朋友最愛，三至十二歲都可以玩，三至五歲小朋友只要有大人陪同也能一試身手。開放時間很貼心，週一至五下午三點到晚上九點，週末和假期則是早上九點到晚上十點。

如果想來點輕鬆活動，這裏還有滾軸溜冰場、多功能球場、門球場、步行徑等設施。

這裏設施應有盡有，甚至可說是「不收費的豪華遊樂場」！設有超過 2,700 平方米的兒童遊樂區，還貼心地劃分了不同年齡區域，連大型繩網城堡和電動碰碰車都有，樂趣媲美一般收費兒童樂園！

玩累了，也不用擔心沒地方歇腳，茶座區不僅佔地 380 平方米，還設有遮陽座位、小賣亭、親子廁所和哺乳室，讓家長可以放心休息，小朋友隨時補充能量。

地點方便至極，毋須山長水遠就能享受豐富的設施。旁邊還有澳門科學館、文化中心、藝術博物館，加上附近酒店、餐廳林立，來這裏完全可以安排一整天的行程：早上帶孩子放電，中午吃美食，下午逛逛文化藝術館，晚上到附近商圈，再享受酒店的休閒設施。

2025 年首季，金沙中國聯同英國當代波普藝術家 Philip Colbert 在澳門科學館對開水域推出海洋文旅遊項目。以觀音像海濱休憩區的怡人海岸線為背景，設置 15 米高的「龍蝦國王海上游」巨型藝術充氣裝置，有望籍此提升澳門文旅的獨特氛圍及國際地位。

觀音像一帶好去處

御苑酒吧（Vida Rica Bar）

想一邊享用美食，一邊欣賞澳門煙花匯演的絕美景觀？澳門文華東方酒店內的御苑酒吧是我和好友的私房賞煙花秘景！

址 澳門孫逸仙大馬路 945 號澳門文華東方酒店
電 (853)8805 8888
郵 momac-reservations@mohg.com
交 巴士 7、10A、29、50、50B、MT1、MT2、N1A、N2 至城市日前地站

御苑酒吧以無敵海景視野和高雅氛圍著稱，特別是在煙花匯演日子，簡直是觀賞煙花的最佳據點！巨大的落地玻璃窗讓你可以 180 度飽覽澳門觀光塔和海港的美麗景色。當煙花在夜空中綻放時，絢爛的光影在澳門塔和西灣大橋映襯下，如詩如畫，讓人陶醉。

最棒的是，御苑酒吧每逢煙花匯演日，都會改成自助餐形式，以按人收費的方式入場，這樣不僅能霸佔最佳觀賞位置，還能邊吃邊看，享受雙重愉悅。自助餐內容超豐富，包含最出名的新鮮生蠔和葡式小吃，甚至連葡式乳豬飯都有。

由於座位有限，尤其是在煙花匯演日，所以強烈建議提前到文華東方酒店官網進行預約。

無論是情侶約會、朋友小聚，還是想一個人靜靜欣賞煙花的美，御苑酒吧都能滿足你對美好夜晚的幻想。

公雞餐廳

址 澳門宋玉生廣場倫斯泰特大馬路 36 號 G/F、AF-AG 舖
時 12:00~23:00
交 巴士 1A、17S、23、50、N1A、N2 至新口岸 / 柏嘉街站

自 1987 年開業以來，已在澳門紥根超過 30 年，是本地知名葡國餐廳之一。裝飾充滿葡萄牙風情，擺放了各式公雞擺設，營造出濃厚的異國情調。

這裏的行政午餐只需 MOP$88，吸引附近上班族前來用餐。2024 年年底更在橫琴華發商都開設首家分店，但菜品和定位與本店略有不同，可在後面的橫琴章節比對一下。

燒沙甸魚也是葡菜常見菜式。

這裏的葡國雞和海鮮飯可說是招牌菜，值得一試！此外，馬介休球（鱈魚球）也是不少食客的心頭好。

高雅扒房
（Copa Steakhouse）

址 澳門友誼大馬路金沙酒店 3 樓
時 12:00~15:00、18:00~22:00
交 除了乘酒店接駁車，金沙酒店鄰近外港客運碼頭、漁人碼頭和文化中心。從外港碼頭步行約 20 分鐘即可到達，或乘巴士 3A、3AX、8、10A、12、17、17S 至孫逸仙大馬路 / 金沙站

我認為澳門金沙酒店的高雅扒房，在澳門六大博企眾多扒房中價格算親民，午市套餐人均 MOP$300 以內，服務亦親切，這裏更是 2024 年被澳門旅遊局評選為關愛服務獎的星級旅遊服務商戶呢！

說到美食，可真是讓人垂涎三尺。從珍寶蟹餅、美國安格斯牛肉他他，到煎北海道帶子，還有澳洲 M6 穀飼黑毛和牛肉眼牛扒，每一口都能感受到食材的鮮美和廚師的用心。

一走進高雅扒房，就會被溫馨典雅的氛圍所包圍。柔和的燈光、舒適的座椅，還有開放式廚房，可以親眼目睹廚師在明火焗爐和炭烤爐前烤製出各種美味牛扒。

高雅也配備了素食菜單，方便茹素人士。

澳門科學館的外觀很吸睛，遠遠看去，就像一艘太空船，充滿未來感，這是由著名建築師貝聿銘設計。走近一看，流線型的設計和玻璃幕牆更是充滿科技感。

科學館還藏着一個秘密景點，就是擁有**全澳門最美景觀的麥當勞**！麥當勞位於觀景平台，坐在落地窗前就能把澳門塔、友誼大橋和海港美景盡收眼底。尤其是黃昏時分，夕陽映照在海面上，光影交錯，美得像一幅畫。

澳門科學館

址 澳門孫逸仙大馬路
時 10:00~18:00（17:30 後停止售票）
休 週四及農曆年除夕
負 展覽中心 MOP$50、天文館（2D 球幕 /2D 天象節目）MOP$60、天文館（3D 球幕 /3D 天象節目）MOP$80，2 歲以下幼童全免
網 www.msc.org.mo/zh
交 鄰近外港客運碼頭、漁人碼頭和文化中心，從外港碼頭步行約 20 分鐘即可到達，或乘巴士 3A、8、10A、12、17S 至澳門科學館站

天文館：配備先進投影設備，提供 2D 和 3D 天象節目，讓觀眾體驗宇宙奧秘。

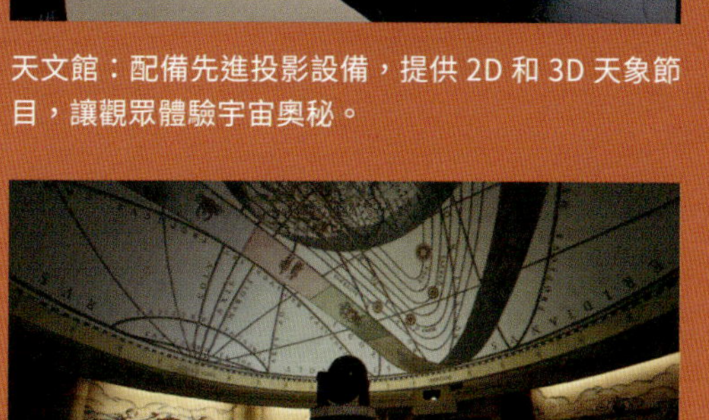

兒童世界：專為兒童設計的互動區域，寓教於樂，激發孩子對科學的興趣。

展覽中心：設有 14 個主題展廳，涵蓋物理、電磁學、聲學、航海科學等領域，適合各年齡層參觀者。

1 印度園林 2 澳門國際機場 3 土生公館 12 宏安咖啡室 13 大吉慶美食坊 14 Common Table
15 澳門君怡酒店（君怡軒） 16 YOHO 荷里活羅斯福酒店 17 澳門通 18 星皓廣場

氹仔

說起氹仔城區，很多澳門人會笑說「這裏是我們的後花園」。從官也街的懷舊氛圍，到龍環葡韻的異國風情，這一帶既是氹仔人的生活圈，也是旅客流連忘返的熱點。隨着填海發展和金光大道的崛起，這片昔日寧靜的小區，如今已成為澳門最具特色的旅遊熱區之一。

過去幾年，氹仔城區迎來了三大變化。第一是澳門輕軌終於連接到媽閣和橫琴站。這不僅提升了出行便利性，還讓旅客可以更輕鬆地規劃行程。第二是益隆炮竹廠的開放。這座百年歷史炮竹廠曾是澳門最重要的傳統產業之一，如今變成為極具文化價值的古蹟景點。第三是氹仔的餐飲業產生了微妙變化，一些隱世食店默默地吸引着懂吃的老饕。

為了方便大家規劃行程，我們整理出輕軌站點遊玩指南，告訴你在哪一站下車，最方便抵達的酒店、景點或隱世食店，輕鬆暢遊氹仔！

交通

可以乘坐巴士、輕軌或酒店穿梭巴士，而官也街口亦有固定的士站。

巴士 11（往媽閣）、15（往海洋花園）、22（往柯維納馬路）、28A（往柯維納馬路）、30（往氹仔中央公園）、33（往柯維納馬路）、34（往海洋花園）

輕軌 排角站可前往官也街，沿着地堡街步行 5 分鐘便可。

穿梭巴士 乘澳門銀河接駁車可順道遊覽氹仔城區、官也街和地堡街。乘威尼斯人接駁車亦可通過行人天橋到達龍環葡韻。

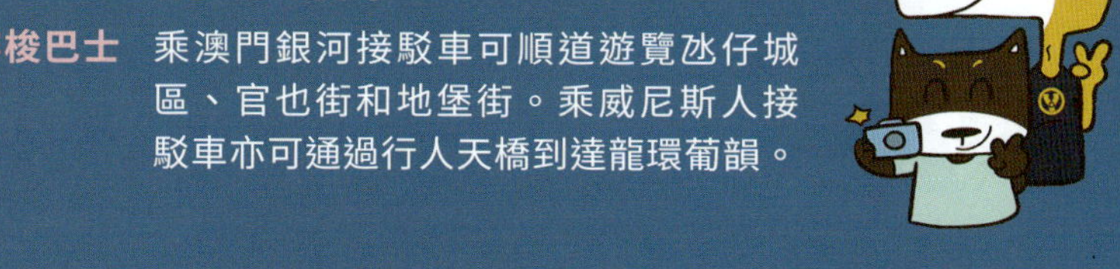

MAP

奧林匹克大馬路
運動場道
奧林匹克
體育中心
運動場
體育路
學院路
澳門
三育中學
馬交茶檔
檸檬車露
利安咖啡屋
海灣餐廳
排角路
澳門輕軌氹仔線
望德聖母灣大馬路
天后廟稅地石
排角
澳門銀河

④ Goat bakers ⑤ 不已手製檸檬茶 ⑥ Parloir 85b ⑦ 益隆炮竹廠舊址 ⑧ 世記咖啡氹仔堂食
⑨ 銀舍利 ⑩ 葡國美食天地 ⑪ 誠品咖啡體驗店

澳門輕軌簡介

時 週一至四 06:30~23:15、週五至日及假期 06:30~23:59（每 5~10 分鐘一班）
費 起步價 MOP$6、4 至 6 個站為 MOP$8、7 至 9 個站為 MOP$10、10 至 12 個站為 MOP$12，另有特惠車票
網 www.mlm.com.mo

可用輕軌通儲值卡（可享半價）、澳門通乘車卡或現場購買輕軌單次車票，目前尚未接受 QR Code 掃碼入閘。

澳門輕軌（LRT）是澳門首條城市軌道交通系統，2019 年年底開始營運。隨着 2024 年石排灣線與橫琴線相繼開通，現在澳門已有 15 個站點，覆蓋氹仔市中心主要民生區、舊城區及金光大道上各大型綜合渡假村等，也包括路氹區海、陸、空三個重要口岸。

自從開通了媽閣站及橫琴站，令澳門輕軌連通至澳門本島及橫琴口岸，大大方便了本地市民和遊客。未來輕軌東線開通，途經新城 A 區至關閘口岸，澳門輕軌的便利性將會是幾何級數提升！

最划算的使用方法

2024 年 2 月 7 日起，輕軌通推出增值優惠，只要到客戶服務中心為輕軌通每充值 MOP$100，即享額外 MOP$30 預付金額，優惠期直至另行通知，充值次數不限。持有成人輕軌通乘客，可到各車站的客戶服務中心辦理換卡手續，以享用增值優惠。搭配輕軌通儲值卡的半價優惠，非常划算。

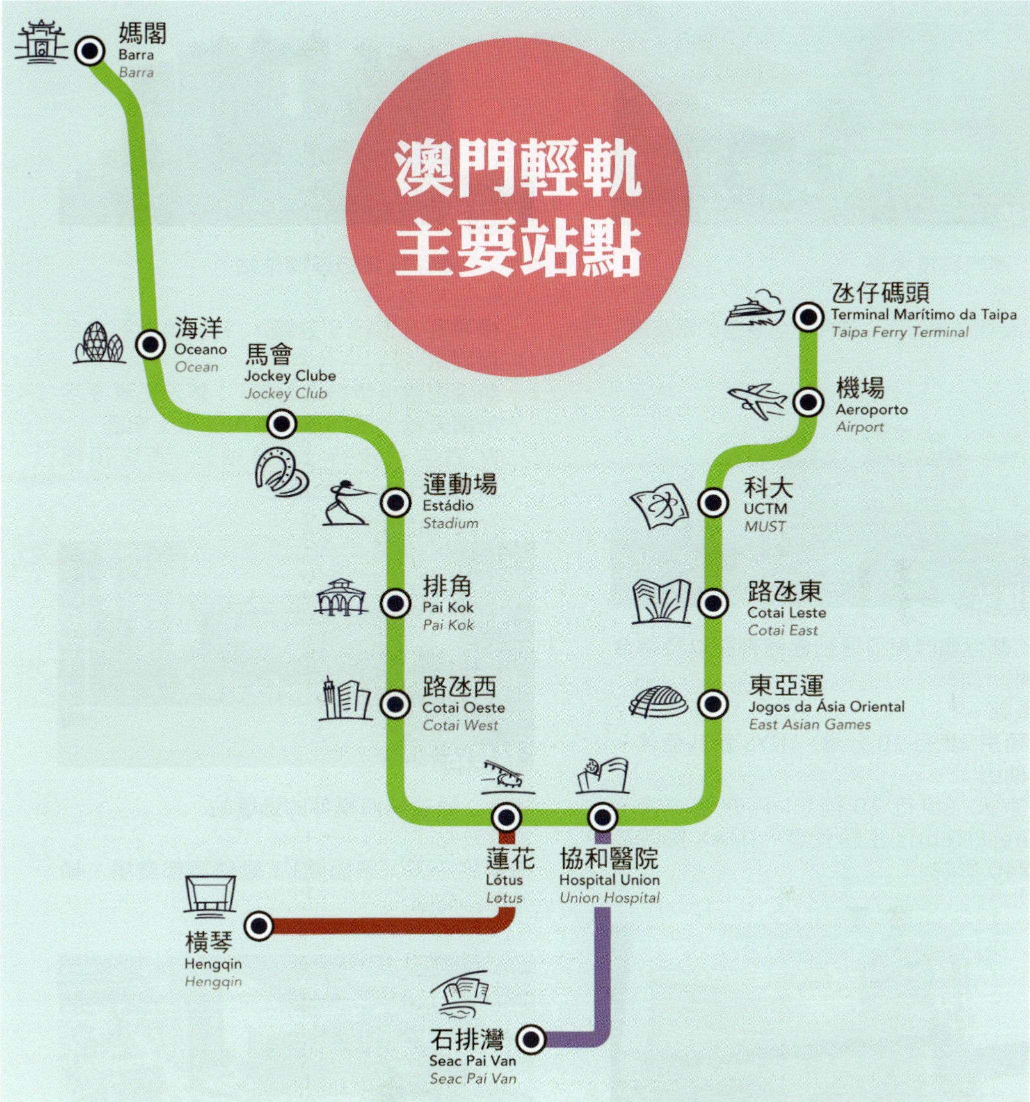

澳門輕軌主要站點

媽閣
Barra
Barra

海洋
Oceano
Ocean

馬會
Jockey Clube
Jockey Club

運動場
Estádio
Stadium

排角
Pai Kok
Pai Kok

路氹西
Cotai Oeste
Cotai West

蓮花
Lótus
Lotus

橫琴
Hengqin
Hengqin

協和醫院
Hospital Union
Union Hospital

石排灣
Seac Pai Van
Seac Pai Van

東亞運
Jogos da Ásia Oriental
East Asian Games

路氹東
Cotai Leste
Cotai East

科大
UCTM
MUST

機場
Aeroporto
Airport

氹仔碼頭
Terminal Marítimo da Taipa
Taipa Ferry Terminal

機場站

特色：連接澳門國際機場

推薦景點：

- 澳門機場觀景台（航站樓內）：適合觀賞飛機升降
- 金皇冠中國大酒店（步行 5 分鐘）：澳門唯一連接機場的酒店

氹仔碼頭站

特色：連接氹仔客運碼頭，可轉乘快船往香港

推薦景點：

氹仔客運碼頭（步行 5 分鐘）：適合往返香港、深圳

科大站

特色：澳門科技大學

推薦景點：

科大點綻體驗學習廊：澳門有名餐廳的聚集地

東亞運站

特色：鄰近澳門東亞運動會體育館以及綜合渡假村

推薦景點：

- 上葡京（步行 10 分鐘）：NY8 新八佰伴、自助山
- 葡京人（步行 20 鐘）：戶外咖啡灣、Line Friends 主題餐廳、IMAX 影院及 MX4D 影院

路氹東站

特色：直通綜合渡假村區

推薦景點：

- 新濠天地、君悅酒店、摩珀斯酒店（步行 5 分鐘）：水舞間　秀場、Artelli 藝廊
- 美獅美高梅（步行 8 分鐘）：《澳門 2049 駐場秀》、天幕廣場與藝術裝置
- 永利皇宮（步行 15 分鐘）：免費纜車、茅台雪糕與表演湖上演的噴泉匯演

蓮花站

特色：通往橫琴口岸轉乘站

推薦景點：

- 橫琴站（步行 3 分鐘）：在此換乘列車至橫琴站
- 新濠影匯（步行 3 分鐘）：新濠影滙 8 字形摩天輪、澳門最大室內外水上樂園
- W 酒店（步行 10 分鐘）：酒店頂樓 Blind Tiger 特色酒吧

橫琴站

特色：通往珠海橫琴的過境站

推薦景點：

橫琴旅遊區（須過關）：勵駿龐都廣場、橫琴華發商都

路氹西站

特色：鄰近金光大道豪華酒店群

推薦景點：

- 威尼斯人酒店、四季酒店、巴黎人（步行 8 分鐘）：乘坐貢多拉船、賭場、購物中心
- 銀河綜藝館、澳門安達仕酒店、JW 萬豪酒店（步行 5 分鐘）：酒店及演唱會

運場站

特色：住宅區站點，適合體驗在地生活

推薦景點：

- 氹仔市區步行區（步行 10 分鐘）：本地人日常生活區
- 奧林匹克體育中心（步行 5 分鐘）：演唱會和大型活動場地

海洋站

特色：海洋花園住宅區、輕軌線氹仔區終點站，直接過海通往媽閣站

推薦景點：海洋大馬路休憩區（步行 5 分鐘）：散步及觀賞煙花勝地

排角站

特色：最接近氹仔老街區的站點

推薦景點：

- 澳門銀河（步行 5 分鐘）：世界級水上樂園「天浪淘園」
- 官也街（步行 10 分鐘）：葡式蛋撻、豬扒包、牛雜、手信店
- 龍環葡韻住宅式博物館（步行 8 分鐘）：葡式建築與歷史展示
- 嘉模教堂（步行 10 分鐘）：歐式教堂

馬會站

特色：住宅區站點，適合體驗在地生活

推薦景點：

- 澳門羅斯福酒店（步行 15 分鐘）：擁有美麗景觀的酒店
- 澳門君怡酒店（步行 10 分鐘）：設有賭場和抵吃中餐廳
- 澳門通氹仔客戶服務中心（步行 10 分鐘）：辦理電子支付 MPay 升級服務

媽閣站

特色：連接澳門半島的首個輕軌站

推薦景點：

- 媽閣廟（步行 5 分鐘）：澳門最古老廟宇之一
- 媽閣塘片區（步行 3 分鐘）：文創市集、大牌檔美食、寵物友好公園
- 聖地牙哥古堡酒店（步行 3 分鐘）：只有 12 間豪華套房的古堡酒店、歷史古蹟、陽台下午茶

氹仔碼頭站

有人認為氹仔碼頭一帶是劣食大本營，我在上一版的書中也確實未能挑出有代表性的美食，但踏入 2025 就完全不一樣了，氹仔碼頭美食廣場引入了一些澳門地道餐飲品牌，如義順牛奶、三盞燈美食、濃厚雞白湯拉麵等中、印、泰、日美食。加上主要對象都是碼頭員工，價錢和款式都算貼地。對非員工的居民和旅客，價錢略高一點，但與之前景況相比，氹仔碼頭的伙食算大有改善。

印度園林

址 氹仔北安大馬路澳門氹仔客運碼頭
交 輕軌氹仔碼頭站

印度園林是澳門印度菜老字號，由兩代印裔澳門人經營，亦有來自印度的廚師，但為甚麼要跑到氹仔碼頭嚐嚤囉雞飯呢？因為這是印度園林**為氹仔碼頭特別推出的限定碟頭飯**，而本店則以小菜為主，飛餅和飯等主食為輔。

印度版的炸雞粉漿偏紅，像加入了香料和紅辣椒粉，雞皮炸得呈碎花狀。金華火腿絲換成一般火腿絲，黃薑飯依然是用上印度米，不過八角換成另一種印度香料。印度米與印度咖喱汁混起來的質感，與其他嚤囉雞飯加了椰蓉沙沙的口感很不一樣。

印度香米平均長度為 7.45 毫米，是普通大米的 2-3 倍。

印度園林嚤囉雞飯（MOP$64）

這裏的嚤囉雞飯有兩個版本，分別是茶餐廳版和印度版。茶餐廳版的較接近澳門人口味，雞腿、黃薑飯、提子乾、火腿絲和醬汁樣樣都齊，而且還多了印度酥脆片及兩款印度醬汁。雞腿外皮酥脆，雞肉鮮嫩，火腿絲像是金華火腿絲，黃薑飯用的是米身較長的印度米，帶有印度香料和八角香味，醬汁是印度秘製咖喱，香味與別不同。

印度酥脆片配以兩款印度醬汁，其中一款為 Onion Raita 印度洋葱酸奶醬，味道清淡，可幫助消化。

嚤囉雞飯是澳門葡人為摩爾人或俗稱「嚤囉差」的印度人製作的土生葡菜，百多年來嚤囉雞飯有土生葡人的家宴版本（沒醬汁）和澳門華人製作的茶餐廳版本（有醬汁），但澳門從沒正式出現過印度人自己製作的嚤囉雞飯，今天終於有印裔澳門人用自己角度去演繹這道菜，令我十分期待。

另一款是印度紅辣椒醬，初入口酸甜，後勁才是辣味。

機場站

澳門國際機場（MFM）規模不大，以實用為主，娛樂設施不多。但如果需要在機場打發時間，以下幾種方式可以讓你的候機時間變得有趣。

體驗機場貴賓室

如果想舒適地休息，Plaza Premium First（環亞優逸庭）是個不錯的選擇。這是全球第四間環亞優逸庭，於 2024 年 9 月開幕。

- **位置：**禁區內，國際航班 10/10A 號登機口對面閣樓層
- **設施：**舒適座椅、餐飲、澳門風味自助餐、Wi-Fi、充電插座、淋浴間
- **適用方式：**付費進入，或持特定信用卡（如 AE Explorer、HSBC EveryMile、Citi Premiermiles），一年內限定次數免費進入。

逛免稅店 & 購物

澳門機場有數家免稅店，主要集中在離境大廳和禁區內，適合買些精品或手信。

- **DFS 免稅店：**香水、化妝品、酒類、名牌商品
- **鉅記餅家、咀香園、英記：**澳門特色手信，如杏仁餅、蛋捲、肉乾

品嚐地道美食

如果沒時間在外面體驗本地特色美食，機場內有幾家餐廳可以試試。

- Blooom Coffee（咖啡、輕食、爆谷、雞蛋仔）：1 號登機口對面
- 廣福潮美食（蠔仔米）：北面閣樓禁區內

觀賞飛機升降

澳門機場的跑道建於填海區，與海面距離很近，可以在航站樓的大窗戶旁欣賞飛機升降，尤其是黃昏時分，海天一色的景色非常美。

懷舊街機、免費充電和 Wi-Fi 上網

機場提供免費充電和 Wi-Fi，可以追劇、刷社交媒體或處理工作。在廣福潮美食旁還擺放了懷舊街機，可免費任玩。

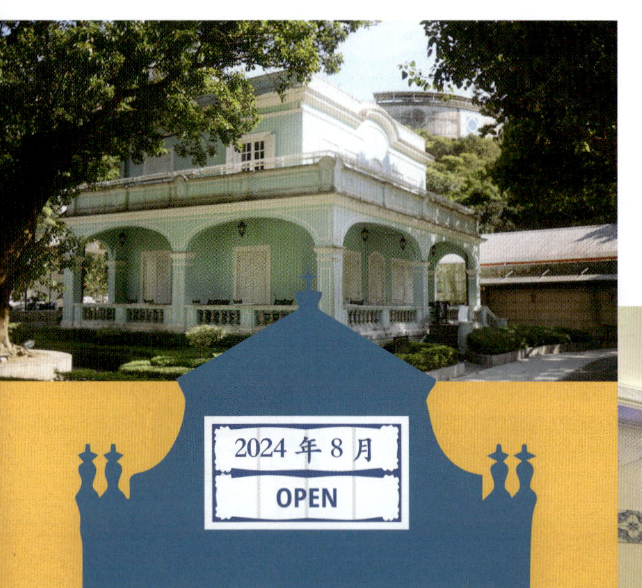

土生公館

址 澳門海邊馬路
時 (853)6217 6332
交 巴士 22、33、15、34、MT4 至龍環葡韻附近，也可由氹仔官也街、威尼斯人酒店等步行至龍環葡韻。

龍環葡韻這五幢葡萄牙式建築建於 1921 年，最初是高級官員和土生葡人家庭的住所，後來經歷修繕，現時設有博物館、藝廊、手信店和餐廳，讓人可以沉浸式體驗當年葡人生活的氛圍。

還記得之前介紹澳葡坊，就預告過他們將會在澳門古蹟內開設土生葡菜餐廳，當時十分期待！果不其然，這家名為「土生公館」的餐廳正式登場，地點選在澳門八景之一的龍環葡韻歷史建築內，確實講究。

菜單亮點：土生葡菜的復興之作

土生公館的菜品走的不是「常規土生葡菜」路線，沒有葡國雞、非洲雞、馬介休球這些常見料理，而是選用來自土生葡國家庭和古籍記載的經典菜式，讓人吃出歷史的味道。

一進入餐廳，就會發現這裏不僅是用歷史建築當背景，而是用心還原了舊時葡人官邸的用餐氛圍。餐廳巧妙打通了內部空間，一層可容納 30 人，兩層最多可坐 50 人，即使是團體用餐，也不會擁擠。

這家餐廳來頭不小，來自「葡萄牙餐飲及零售概念」，這個集團對歷史建築情有獨鍾，旗下的餐廳和店舖——從婆仔屋葡國餐（Albergue 1601）、澳葡坊（Portucau）到三沙丁（3 Sardines Restaurante），無一不是選在歷史悠久的建築內。土生公館亦選擇在充滿歷史感的地方，讓土生葡菜回歸餐桌。

土生公館特別設置了一條隱藏通道，連接到旁邊的現代建築，這裏設有現代標準的排污系統、乾淨的衛生間，確保煮食油煙不會影響主體建築。這種處理方式很細膩，因為如果你曾在某些帶點坑渠味的餐廳吃過刺身，就會明白這種細節有多重要⋯⋯

無花果蜜（入座奉上）

據名葡國菜主廚 Joe 哥所說，無花果是葡萄牙的國寶，而這款無花果蜜是澳門土生葡人家中曾經常見的飲品，如今已不多見，現在能在這裏喝到，別有一番懷舊風味。

薄荷青瓜湯（MOP$68）

伊比利半島的經典湯品，原本是涼湯版本，這裏改為熱湯，更適合本地人口味，清爽又開胃。

蝦湯米粉（土生銀蝦湯，MOP$68）

這道湯品可是只出現在傳說中的土生葡菜。鮮蝦去殼熬湯，加入澳門特有的銀蝦醬（據說是土生葡人阿嫲的秘方），最後加入蝦和米粉，濃郁的鹹香讓人一試難忘。

Capela「小教堂」焗肉圈（MOP$278）

這道菜來自葡萄牙科英布拉地區，外形像小教堂，因此得名"Capela"。使用剁碎的黑毛豬、松子仁、全蛋、芝士等混合，再以煙肉、黑橄欖、葡腸裝飾，焗好後外脆內軟，煙燻香氣十足。

馬介休椰菜卷（MOP$268）

這道菜在土生葡國家庭中曾經很常見，但現在已經很少出現在餐桌上。傳統做法是用豬肉或牛肉餡，土生公館則創新使用整塊馬介休，鹹鮮與椰菜的甘甜相互融合，口感更豐富。

土生咖喱角（MOP$52）

澳門街頭常見小吃，其實來自土生葡菜，土生公館的版本搭配五柳魚甜酸醬，既解油膩又不搶咖喱的風頭。

雞蛋椰汁糕（MOP$48）

這道甜品源自葡人航海時期，從馬來西亞帶回葡萄牙的布甸做法。將雞蛋、米澱粉、糖、椰子混合後，以炭火微烤至表面焦脆，口感清甜軟糯。

波特酒鳳爪凍（MOP$48）

這道甜點又稱「波特酒雞爪啫喱」，是土生葡人的養生補品，以雞腳或牛蹄熬出膠質，加入葡萄牙的波特甜酒，雪凍後形成啫喱狀，清甜帶微酒香，是難得一見的懷舊甜品。

結論：土生公館不只是餐廳，而是一場文化復興

這裏不僅讓人回到昔日的葡人官邸，更讓許多失傳的土生葡菜重現江湖。在文化保育的角度來看，這種嘗試非常有意義。

不過要注意，餐廳菜式分量精緻，人均消費約 MOP$400~$500，適合 2 至 4 人用餐，人多的話可能會覺得分量過少。

排角站

Goat bakers 是 2021 年開業的人氣烘焙店，比拳頭還要大的奶酪花杯子是熱賣商品，曾經每人限購兩個亦被搶購一空。2023 年 8 月氹仔首家店開幕，暫時不用排隊、不用限購也可以買到這人氣美食。

Goat bakers 氹仔店位於中葡小學側門，由氹仔漁村直入。

2023 年 8 月
OPEN

GOAT BAKERS

址（氹仔店）氹仔巴波沙總督街 80 號地下 C
（澳門店）澳門永聯台 52 號永聯大廈地舖
時（氹仔店）12:00~18:00
（澳門店）11:00~19:00

這家店以超級鬆化的酥皮烘焙為主要特色，熱賣有奶酪花杯子和伯爵可麗露，其次是彩虹羊角包。

奶酪花杯子外表像葡撻，但中間是酸酸甜甜的奶酪，而非葡撻口感。

店主為免各店出品過於統一而做出區隔，Goat bakers 氹仔店的部分出品在澳門店是沒有的，例如青提乳酪條和軟心芝士蛋糕。而氹仔店的奶酪花杯子只有原味，選擇比澳門店少。

Goat bakers 澳門店平日會較多人排隊。

其他澳門店獨有口味。

抹茶和玫瑰奶酪花杯子是澳門店獨有口味。

奶酪花杯子內裏為流心奶酪，帶有微酸。

2023年8月
OPEN

不已手製檸檬茶

址 氹仔官也街安樂街 28 號
時 11:00~22:00

開房式廚房可以看到茶飲的製作過程。

我該把它分類為美食好呢？還是網紅打卡景點好呢？不已手製檸檬茶雖然是一家來自國內的連鎖茶飲店，不過移植澳門後加入了很多本地元素，具有很強的視覺衝擊設計，所以就算位處官也街橫街也能引人注目。

茶飲的包裝設計加入了澳門色彩，是打卡神器。

店面不大，但內有打卡位，也有打卡道具，店方亦不時有推廣活動，似乎店家很會做檸茶，更懂網絡世界的流量密碼。

Parloir 85b 隱身在通往嘉模聖母堂與龍環葡韻博物館的石梯旁，鬧中取靜，適合想短暫逃離城市喧囂的人。

Parloir 85b

址 氹仔施督憲正街 85b（嘉模聖母堂旁邊的石梯間）
時 11:00~19:00

如果真的需要坐下來，店內有少許可以坐的區域，或者可以到外面大樹下坐着。

店如其名，Parloir 85b 是氹仔城區內的一個會客室，Parloir 有客廳的意思，而 85b 是這裏的門牌號碼。內部空間寬敞，但座位不多，也沒有傳統餐桌，目的是讓客人站着互相交流，就像去酒會似的。在這裏，你不會被固定在某個角落，而是能夠與其他客人互動，甚至很容易就能和陌生人聊上幾句。說話聲在這個空間就像家中客廳一樣，隨時能讓大家參與，所以要聊八卦或講秘密，這個空間就不太適合了。

這裏的創意咖啡也是一大亮點！Pineapple Tonic Coffee（菠蘿咖啡）是夏季必點，清爽的菠蘿風味與咖啡的苦韻交織，帶來獨特的酸甜層次。

如果喜歡特別的咖啡體驗，一定要試試燕麥咖啡杯。這款咖啡不只是喝，杯子是用燕麥餅乾製成，喝完後還可以直接咬一口，香脆又有趣，完全是「零浪費」的環保概念。

關於益隆炮竹廠實在有太多故事：炮竹業的歷史、炮竹廠的神秘傳說，以及這片土地的法律糾紛等等……當你帶着這些引人入勝的故事來到現場引證，就更加趣味無窮。

益隆炮竹廠舊址

址 益隆炮竹廠舊址（入口處位於松樹尾停車場）
時 06:00~19:00
展覽館及文創禮品店 10:00~19:00
休 週三 15:00~19:00
費 免費

近年益隆炮竹廠成為金沙中國舊區活化的項目之一，因此增加了一些兒童玩樂設施。

展覽廳有多媒體展覽，亦有影片記錄口述歷史，講述益隆炮竹廠的一些故事。

亦不定期在這裏舉辦一些藝文活動，讓公眾參與。

文化局以修舊如舊的方式，清理了近兩萬平方米的園區，並加建木板走道，以便遊人不用走在泥地之上，亦保護古蹟。

自從炮竹業式微，這裏便是遊人禁地，不過卻成為很多人尋幽探秘的地方，還一度是 War game 愛好者的勝地。荒廢數十年後，今日終於不用偷偷潛入，益隆炮竹廠舊址免費向公眾開放。

園區內保留了兩棟建築物作為展覽廳以及文創禮品店。

園區內的建築物牆身特別厚，而且每棟相隔甚遠，還配備儲水池，都是昔日以防爆炸及作防火用途。

世記咖啡 氹仔堂食

世記咖啡始創於 1965 年，當時只是一個十分簡單的街邊咖啡檔，沒有西式的沖咖啡設備，就地取材用**碳火瓦煲煲咖啡**，賣油多、花生多和簡單的公仔麵，那個年代也沒有辣魚、午餐肉、腸仔、煎蛋那麼多選擇。

很多人都認識氹仔的世記咖啡外賣店，卻很少人知道它近年在附近開設了堂食（在莫義記貓山王旁），那裏會有更多選擇。

址 氹仔舊城區柯打蘇沙街 37 號地下至 2 樓
時 10:00~19:00

雖然一切都很簡單，但倒是用心去做，多年來得到一班本地熟客支持。直至交棒至第二代，令這門祖業在千禧年後更發揚光大，將濃郁的瓦煲咖啡入樽量產，亦迎合當時社會趨勢升級豬扒包成為今日豪華模樣，從此一直大排長龍。

堂食店讓公仔麵再次回歸餐單，更像祖業的初創形式。不過我相信他們不單是形式上回歸，出品更是上一層樓。華麗的店面，現代化的出品，更符合現在人口味和視覺享受，和 1965 年的世記不能同日而語。

世記的外賣店，很多人排隊，也只能坐在路邊吃。

銀舍利

址 氹仔連理街 22 號地下
時 12:30~21:30

隱藏在氹仔城區的窄巷之中，卻是很多人慕名而來的外賣店。店面只有一個窗口，窄巷內放了兩張板凳，平日巷內遊人不多，如果不是朋友推薦，也很難發現。

手卷每日中午 12:30 起即叫即做，售完即止。

除了手卷亦有關東煮，冬日會比較受歡迎。

原來這家店以**精緻手卷**作招徠。其實澳門有不少壽司外賣店，價格定位比它高比它低的都有，但是銀舍利的手卷即叫即做，感覺比較新鮮，而且有特別的設計包裝，能令手卷不易被壓扁，保持賣相精緻，令人食慾大增。

解開包裝仍然能保持精緻。

赤海老三文魚手卷是店家推薦的隱藏餐單。

排角站

葡國美食天地

址 氹仔城區生央街 15C-D 號

時 週二至五
12:30~14:15、18:45~22:00
週六至日
12:30~14:30、18:45~22:00

休 週一

門口貼有多個美食平台的推薦。

葡國美食天地不是新店，卻是很值得推薦的隱世食店。氹仔有不少為人熟知的葡國餐廳，唯獨這家是獲得餐飲界業內人士也推薦的名店。基本上很少遊客，光顧的主要是本地人、葡國人，還有其他餐廳的廚師和他的家人朋友。

這裏賣的不是很名貴菜式，卻有把日常葡國菜該有的樣子恰如其分地做出來，或許這就是受本地食客歡迎的原因。

如果是老饕，可以試試這裏的**白烚馬介休**。炸馬介休球可能很多人都吃過，但以魚的原本形態上菜就比較少見。

馬介休其實即是葡式鹹魚，一般是用很大條的銀鱈魚，在沒有雪櫃的年代，航海家就是吃這個。葡國人製作馬介休跟我們醃鹹魚的方法不一樣，他們會把馬介休用很複雜的步驟還原成接近鮮魚的狀態去吃，所以白烚馬介休味道不會很鹹，反而口味清淡。如果想吃香口一些，可以選擇其他做法。

初嚐葡國菜者可試試炒蜆、馬介休球和海鮮飯。這裏的**海鮮飯**分量不算很大，大概可以二至四人享用。葡式的海鮮飯是有各種海鮮的番茄湯飯，有別於乾身的西班牙海鮮飯。

這裏的**葡國牛扒**是最家常的做法，用的並不是高級牛肉，只是普通牛扒，所以不能期望有軟腍口感，所以會配雞蛋和火腿來讓口味更豐富，這也是葡國牛扒通常會在上面鋪上煎蛋的原因。如果對牛扒有比較高的期望，可以選擇吃燒牛仔骨。

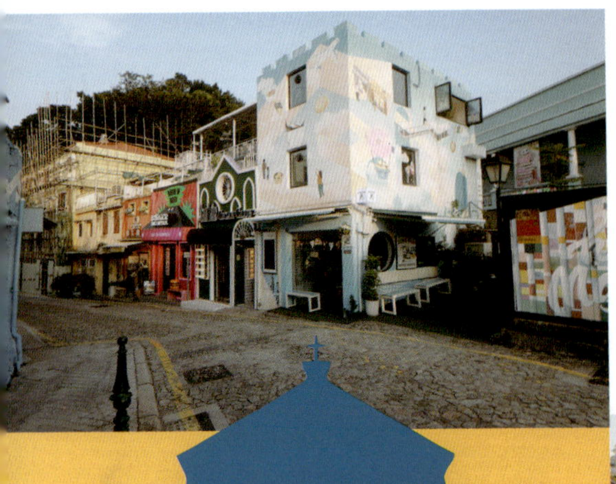

很多人被誠品咖啡吸引是因為那個能看到漂亮風景的窗戶，不過其實誠品咖啡並不只是一般網紅店，其實它是在澳門有 20 年歷史的手沖咖啡品牌，亦是國內最早一批發展專業咖啡烘焙的廠商。而位於氹仔的誠品咖啡體驗店，是他們近年比較觸目的一家店，位處較多遊客的氹仔城區，建築風格獨特，再配合周邊商店所形成的建築群，是氹仔城區最新的打卡點。

誠品咖啡體驗店

址 氹仔官也街兵房斜巷 28 號
時 10:30~19:30

此窗是誠品咖啡體驗店的知名打卡點。

手沖咖啡配彩虹蛋糕。

誠品咖啡體驗店原址為傳統民居，翻新後跟鄰近店舖形成視角風格強烈的建築群。

運動場站

宏安咖啡室（氹仔店）

址 氹仔哥英布拉街 8 號
時 11:20~04:00
休 (853)2830 2828
交 巴士 11、15、22、25B、26、26A、28A、30、30X、33、24、37、72、102X、MT1、MT3、N2 至花城公園站，或乘輕軌至運動場站

氹仔店的室內空間比較寬敞，與官也街也比較近，在氹仔觀光時可以順道探店。

宏安咖啡室的撈麵真的「一試入魂」，第一次吃他們的咖喱牛腩撈麵，就被那濃郁的咖喱香氣征服，牛腩雖然有點普通，但真正讓人驚喜的是幾片牛胸油 —— 甘香爽脆，咬下去油香四溢，再配自家製秘製辣汁，那種層次感真的讓人欲罷不能！

招牌咖喱牛腩撈麵加牛丸（MOP$44）

吃完這碗麵，我開始對這家店產生了一種執念，反覆光顧，試遍招牌菜，甚至特地去筷子基老店比較，最後得出一個結論：爽脆彈牙，香辣帶勁，就是這家店的靈魂！

運動場站

宏安的招牌有牛胸油撈麵（MOP$38）、墨魚翼撈麵（MOP$43）、香煎牛舌撈麵（MOP$37）、煎焗牛肝撈麵（MOP$36）等，都是以爽脆見稱：牛胸油甘香不膩、墨魚翼脆口彈牙、牛舌及牛肝外層微焦帶脆，內裏嫩滑。

他們的幼麵比粗麵更讚，煮得剛剛好，彈牙不軟爛。但如果喜歡麵條軟一點，記得點餐時告知店員。

撈麵 VS 湯麵，哪個更勝一籌？

雖然宏安用牛骨熬湯，味道鮮甜，但說實話，撈麵才是王道！因為沒有湯的干擾，更能突顯麵條的彈性，讓腩汁與咖喱汁的風味發揮到極致，每一口都是濃縮的精華！

家鄉蠔仔餅（MOP$45）

蠔仔餅也是他們的招牌，與台式蠔仔餅相比，宏安的比較脆，可能是用半煎半炸的緣故，可見他們對「爽脆」是有一份執着。

老店位於澳門北區，與生輝撈麵相隔不遠。

小提醒：不是每個人都能放肆吃

宏安的美食雖然讓人上癮，但像牛胸油、墨魚翼、牛肝這些對三高人士來說就有點危險了，所以如果有健康考量，記得適量取捨。

總結：爽辣控的天堂

不論是撈麵的彈牙口感，還是配料的極致爽脆，宏安絕對值得一試！如果你熱愛香辣、脆爽、彈牙的食物，這家店會讓你一吃上癮！

運動場站

大吉慶美食坊

對於外界來說，2022 年或許是平凡的一年，但對大吉慶來說，這一年它悄悄轉身 —— 換了老闆、重新裝修，但名字沒變。新老闆可不是普通人，他在澳門擁有多家知名食店，這次接手大吉慶，用多年餐飲經驗重新打造這間茶餐廳，但又巧妙地與附近食店拉開定位，既熟悉又新鮮。

址 氹仔哥英布拉街 138 號太子花城地下
時 08:00~22:00
休 (853)2883 9838
交 巴士 11、15、22、24、25B、26、26A、28A、30、30X、33、37、72、102X、MT1、MT3、N2 至花城公園站，或乘輕軌至運動場站沿行人天橋前往

在眾多新菜式中，我最愛的是秘製鮮牛尾。這可不是普通市場買得到的牛尾，而是特別預留的，保留了厚厚的牛皮，富含滿滿的膠原蛋白，燜煮後口感Q彈入味。想吃這道菜，記得提前預訂，因為牛尾需要時間準備和燜煮，現場點可能就吃不到了。

現在的大吉慶可說是中高端型茶餐廳，白天來這裏，喝杯咖啡，配腸粉燒賣，完全是標準的茶餐廳體驗。到了午晚市，卻能端上比一般茶餐廳精細的料理，甚至還有私房菜包廂，讓餐飲層次更為豐富。

為了讓大吉慶站穩腳步，新老闆直接從自家旗下食店調來人氣菜式，讓老店有新亮點。其中一道是一品油條，來自弄堂 15 的超巨型油條，粗得像手臂一樣，一口咬下超滿足！

另一道是黑胡椒燒鴨，來自德仔記，外皮微焦，內裏肉嫩，帶着黑胡椒的微辣香氣，是下飯神器。

一道很有趣的菜叫「街坊炒麵」，但其實一點都不「街坊」，用料居然是鮑魚、花膠、海參、土魷，這麼奢華的搭配，老闆是在跟我們開玩笑吧！

最讓人驚喜的是，這裏居然有茶壺酥這種精細的手工菜！這道菜一般在高級餐廳才會出現，怎麼會跑進茶餐廳來？如果沒人提點，真的可能會錯過這家被高人改造的隱藏版食店。

運動場站

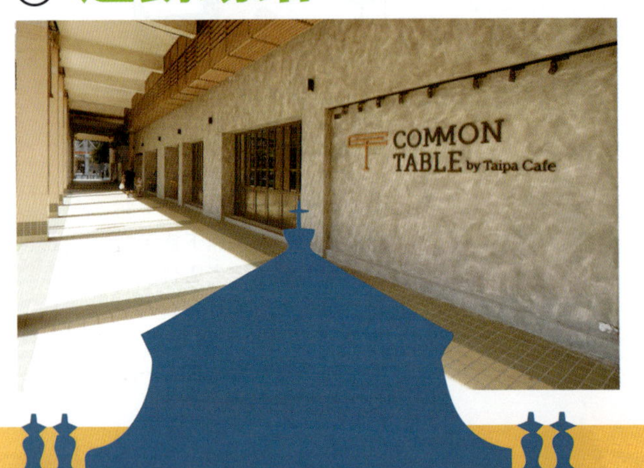

這是一個多變又富有魅力的空間，早晨喝咖啡，白天享受手工麵包，晚上則在音樂與微醺中度過輕鬆的夜晚。無論是來找個寧靜角落，還是與朋友聚會，Common Table 在每日不同時段都可以提供家庭和辦公室之外的第三空間。

COMMON TABLE

址 氹仔基馬拉斯大馬路濠庭都會地面 A 舖

時 週一 08:00~18:00
週二至四及日 08:00~21:00
週五、六 08:00~23:00

交 輕軌至運動場站，沿行人天橋前往

如果喜歡安靜的環境，建議平日來訪，氣氛最舒適，能夠享受咖啡香與大空間的舒適感。到了週末人流明顯增加，熱鬧的氛圍可能會稍微影響原本的寧靜感。

從外面看，這間咖啡店的店面足足有半條街的長度，是該區最大的Cafe，空間寬敞，特別適合喜歡慢慢喝咖啡、靜靜待上一個下午的人。室內走文青風設計，搭配歐式早餐、手工蛋糕，簡單而有質感。

這家店特別設有熟客區與寵物友善空間，讓帶毛小孩的客人能夠安心用餐，同時也不會影響其他客人，兼顧了所有人的需求，對於愛寵人士來說是一大加分！

白天：店內設有手工麵包專區，每天新鮮出爐，香氣四溢，無論是內用還是外帶，都能感受純正的歐陸風味。

晚上：當夜幕降臨，這裏搖身一變成為有 Live Band 的酒吧。牆上的一排排酒瓶，白天像裝飾，到了晚上就是主角，讓整體氛圍更具層次感。

從早餐到夜晚，每個時段都是不同體驗

早上：由業內資深咖啡師坐鎮，為顧客沖泡美味咖啡，搭配豐富的歐式早餐，或者單點手工麵包，享受最純粹的晨早時光。

此外，這裏還有冰餾咖啡(Cold Brew)，對於喜歡清爽口感的咖啡愛好者來說，是不可錯過的選擇。

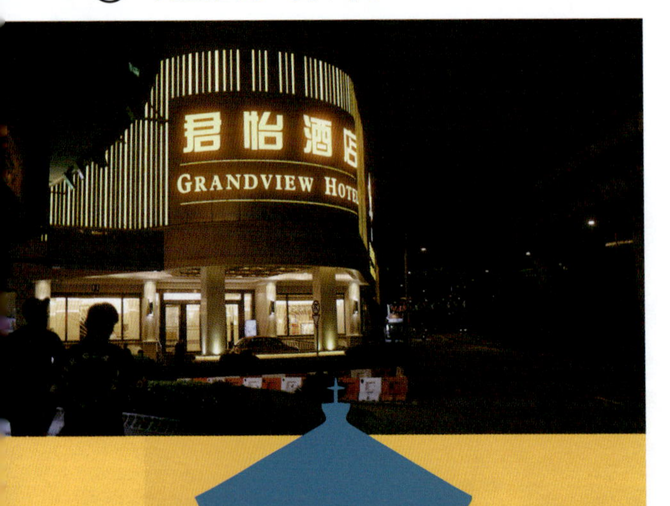

澳門君怡酒店（君怡軒）

在一次偶然機會，我發現君怡酒店住宿的性價比是同區中比較高，雖然價格一直浮動，但在過去幾年，都一直維持賓館般或略高的價格，但有 4 星級酒店服務，所以之前在不便通關的日子，我都會推薦給朋友。雖然這裏設有衛星賭場，但整體格局和人流也不算複雜，而且周邊多民生區域，購物和飲食都很便利，員工也很熱情，有時會主動與熟客聊天，也向新客介紹抵吃推薦。

址 氹仔柯維納馬路 142 號二樓君怡軒
電 (853)8896 1901
交 巴士 11、15、22、26、28A、30、30X、33、34、35、36 至南新花園站

午市的一口雲吞麵價格雖然吸引，但是分量不多，而且每天限量供應，我認為最抵吃的還是 MOP$188 的兩餸套餐，小菜選擇多，另送例湯、白飯和糖水，既做街坊生意，也吸引一班精明食客慕名而來。

君怡酒店 CP 值高，它的中餐廳君怡軒也很抵吃！不僅環境舒適，價格更是親民得讓人驚喜，簡直是**街坊級的價位**，午市更有吸引食客 MOP$19.8 一份的一口雲吞麵、自選 5 款點心 MOP$178 等優惠。

二人套餐 MOP$188 包含：

例湯

西洋菜湯

自選小菜

唐生菜炒生魚片、馬蹄冬菇剁肉餅（剁肉餅不是免治肉，而是人手剁碎，口感更有彈性）

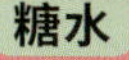

糖水

陳皮紅豆沙

餐廳還有其他超值單品，例如清蒸珍珠躉（MOP$168）、魚香茄子煲（MOP$78）。

馬會站

羅斯福酒店的價格比大型綜合渡假村便宜，相比民生區的酒店又更舒適、更新淨，對於想要有品質又不想花大錢的旅客來說，這裏是不錯的折衷方案。

YOHO 荷里活 羅斯福酒店

址 氹仔東亞運大馬路 924-998 號
網 https://www.themacauroosevelt.com/

這裏曾是近距離觀看氹仔馬場的最佳地點，但隨着馬場停運，這個經典畫面已成追憶。

昔日，羅斯福酒店坐落在西灣大橋交通要道出口，雖然擁有迷人河景，但因為周邊沒有太多餐飲選擇，加上車流急速，有點像一座隱世小島。

自從澳門輕軌與柯維納交通樞紐開通，前往羅斯福酒店變得方便許多，提升了酒店的吸引力。現在從酒店步行 10 分鐘便到達輕軌馬會站，可輕鬆前往氹仔各大區域。

酒店飽覽日落河景，對岸便是橫琴，讓人有種遠離城市喧囂的愜意。

露天泳池旁設酒吧，無論是白天游泳後來杯雞尾酒，還是晚上吹着河風小酌，都十分愜意。

小總結

羅斯福酒店絕對是輕軌開通後的最大受惠者之一。如果追求高 CP 值，又希望有不錯的住宿體驗，這裏會是值得考慮的選擇。雖然周邊仍然相對寧靜，但透過輕軌的便利性，可享受遠離塵囂的靜謐感，但又不會與熱鬧的氹仔失聯。

澳門通

澳門通氹仔客戶服務中心可辦理澳門通實名登記手續。

址 氹仔廣東大馬路 79 號南貴花園地下

星皓廣場是澳門首個專為本地居民打造的一站式大型購物中心。商場總面積超過 65 萬平方呎，樓高四層，提供多元化的購物、餐飲及娛樂選擇。

星皓廣場（NOVA MALL）

址 氹仔廣東大馬路 No. 515 號 NOVA Mall
時 10:00~22:00
交 巴士 11、30、35、36、37、MT2、MT5 至廣東大馬路 / 濠尚站，或乘輕軌至馬會站

商場雲集約 100 個國際及本地品牌，包括澳門首家宜家家居（IKEA）及小米旗艦店。此外，場內設有多間餐廳及咖啡店，如星巴克、喜茶等，讓顧客在購物之餘享受美食。娛樂方面，亦設有 CGV 戲院。商場鄰近氹仔中央公園，是休閒放鬆的理想地點。

小貼士：旅遊建議

建議可將星皓廣場與官也街、龍環葡韻、氹仔中央公園等一同納入行程，深入體驗澳門的多元文化。此外，商場寬敞舒適，提供休憩空間，適合親子及家庭旅遊。

馬會站

澳門店位於商場內，難以展現傳統大酒樓般的氣派，有點像在精緻小館子用餐的感覺。

本來為了介紹位於橫琴中央匯的粵匠私廚而特地到澳門老店探店，但比較之後發現**橫琴價雖好，澳門味更優**。

粵匠私廚

址（氹仔店）星皓廣場一層 105 及 106 號舖
（橫琴店）橫琴香江路 10 號橫琴中央匯內庭二樓 218A

時（氹仔店）10:00~22:00
（橫琴店）09:30~21:30

功夫湯蝦餃（澳門店 MOP$39 / 橫琴店 RMB$36.8）

色彩亮麗，造型吸引，加上高湯用茶壺盛載，像喝功夫茶一樣，一啖蝦餃一啖湯。這道菜的澳門版有金箔，而橫琴版則用蝦子代替。

粵匠私廚以精緻創新見稱，每款招牌菜都注入創意成為自己特色。雖然橫琴店部分菜式比澳門店便宜，但澳門店的味道更合澳門人口味，主要差別是橫琴店調味較重較濃，吃完會口乾，澳門店卻沒有這個情況，味道順口細緻，更勝一籌。

橫琴店樓底較高，環境寬敞，有自然光透進。

金獎菠蘿包（澳門店 MOP$39 / 橫琴店 RMB$36.8）

裏面真的有菠蘿，外形比一般菠蘿包堅挺。

招牌雪山茄子（澳門店 MOP$78 / 橫琴店 RMB$48）

用椒鹽做法來炸茄子，加上秘製燒汁，外脆內嫩。

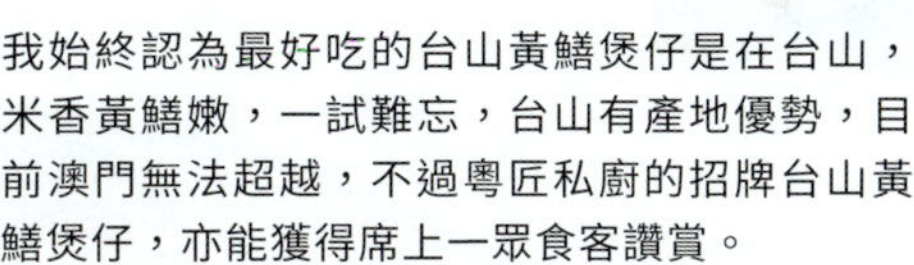

招牌台山黃鱔煲仔（澳門店 MOP$238 / 橫琴店 RMB$138）

我始終認為最好吃的台山黃鱔煲仔是在台山，米香黃鱔嫩，一試難忘，台山有產地優勢，目前澳門無法超越，不過粵匠私廚的招牌台山黃鱔煲仔，亦能獲得席上一眾食客讚賞。

紫金葡萄（澳門店 MOP$38 / 橫琴店 RMB$38）

這是一道創意宮廷料理。它看似葡萄，吃上去就像將利賓納加入冬瓜做成的果肉，跟葡萄一點關係也沒有。

蘋果山楂包（澳門店 MOP$29）

造型像蘋果很精緻，裏面的餡料是山楂。

馬會站

愛素食

址 星皓廣場一層 114-115 號舖
時 11:30~22:30

曾幾何時，我以為素食只有兩種選擇，一是佛堂的齋菜，二是西式的生冷沙律，不是十八羅漢齋、素雞和素鵝，就是有機蔬菜拌橄欖油，彷彿吃素就只能在油膩與沒味之間二選一。

說愛素食走澳門咖啡室風格，可能會令人疑惑，但看看菜單，從川式水煮魚、日式蛋包飯到沙丹豬扒飯，這種毫無邏輯的多元料理組合，不就是澳門咖啡室的精髓嗎？

三文魚黑松露卷（MOP$88）

這道料理讓人懷疑人生，因為「三文魚」的口感超像真的！據說是用魔芋製成，搭配青瓜、酸蘿蔔的加州卷組合，再以黑松露和美乃滋醬點綴，層次豐富，完全是「沒吃肉卻滿足感爆棚」的佳作。

隨着澳門面向的人口越來越國際化，素食不再只是信仰或健康的選擇，而是一種美食潮流，選擇也變得多元化，甚至能無縫融入各國料理風格。在澳門，無論是日系禪風的「Chakra Cafe 八分目」，台式簡餐風格的「VEGA VEGA 我行我素」，還是充滿澳門特色的「Love Veggie 愛素食」，都讓素食者有更多選擇。

石鍋羊肚菌燴自製黑豆豆腐（含蛋，MOP$138）

豆腐入口即化，據說是輕輕炸過，外皮帶點焦脆，內裏軟嫩，加上濃郁湯汁，讓人一口接一口，超級下飯。

濃湯海藻配丸子（含蛋，MOP$108）

以豆類製成的素肉丸，吸收了海藻濃湯的鮮味，每一口都充滿層次感，是那種吃完會覺得「咦？我真的沒吃肉嗎？」的上等菜式。

黑松露菌香炒飯（MOP $95）

這道炒飯完全是黑松露控的天堂！用各種蔬菜營造不同的口感，加上黑松露那霸道的香氣，瞬間食慾大開。唯一的小缺點是炒飯稍微偏油。

素食不再只是將就，而是享受！

無論你是嚴格的素食者，還是想偶爾來點輕盈無負擔的美味，愛素食都能帶給你驚喜！不妨找個機會，試試這些「沒吃肉卻超滿足」的素食料理，或許會發現，素食，其實也可以很有「味」！

MAP

❶ 科大點綻街區 ❷ 新濠天地與摩珀斯酒店 ❸ 永利扒房 ❹ 澳門倫敦人
❺ 澳門上葡京綜合渡假村 ❻ 澳門葡京人 ❼ 新濠影匯 ❽ 澳門威尼斯人 ❾ 澳門巴黎人
❿ 澳門四季酒店 ⓫ 銀河綜藝館 ⓬ 澳門 JW 萬豪酒店、澳門麗思卡爾頓酒店 ⓭ 輕軌橫琴站

路氹

路氹城葡文"Cotai"是把氹仔（Taipa）和路環（Coloane）兩個島的名字各取一半組合而成，因為路氹城本來就是兩島之間的填海地！而現在，澳門所有最豪華、最夢幻的娛樂設施都集中在這一區，讓路氹城變成世界級渡假勝地，從昔日的一片海，變成了紙醉金迷的象徵。

有朋友跟我說：「你在這章節介紹的餐廳，很『離地』啊！」但你有沒有想過，也許等你買了這本書，下一秒就在路氹城中了兩千萬大獎？先別笑，這個問題不只我們想過，路氹城各大酒店的老闆早在規劃時就想到了！他們可是要迎接來自世界各地的客人，所以早就準備好各項美食和娛樂設施，不管是小資旅行、輕奢體驗，還是大手筆享受人生，這裏都有適合你的選擇。

在這個章節，會看到酒店如何精準地把餐廳分成高、中、低價位，甚至有些是免費的！無論是哪個階級的旅客，都能找到適合自己的美食體驗。

交通

①巴士 / 輕軌 / 各大博企接駁車
②渡輪→氹仔碼頭→酒店接駁車

科大點綜街區

址 氹仔偉龍馬路澳門科技大學 P 座（P 座宿舍大樓後方）
交 澳門輕軌**科大站**

科大點綜街區原名「科大點綜體驗學習廊」，是以集裝箱設計為主題的創意美食區，匯集超過 20 家澳門知名餐飲品牌。由於很多旅客都不知道這是一個對外開放的美食街區，所以有些在外面需要輪候多時的餐飲品牌，例如澤賢記，在校內基本上不用排隊。不過這裏是以科大的協商價定價，所以收費有別於外面，對校外人士而言部分食品可能會略貴。

澤賢記

始創於 1944 年的老字號，以創新的葡撻雞蛋仔聞名，外脆內軟，餡料香濃。點綜店位於科大點綜 P03 舖。

Lucky Dog Macau

專營自家製熱狗和漢堡，深受本地人喜愛。點綜店位於科大點綜 P10 舖。

點綜街區部分店舖設有晚間深夜食堂，營業時間為晚上 8 點至 11 點，人均消費約 MOP$60，適合夜間小酌及欣賞夜景。

總括而言，科大點綜街區以創意設計和豐富的美食選擇，成為澳門新興美食聚集地，值得一訪。

Lucky Dog 幸運狗

址 點綻街區 P10 舖
時 11:30~19:00
休 週一

Lucky Dog 在澳門水坑尾設有外賣店，而科大點綻店首設茶座。這家店的特色是熱狗香腸堅持是 100% 自家製，從原料豬肉切割成適中大小，再根據澳門人口味，加入獨家調味，經過充分攪拌至「起膠」，腸衣選用天然動物腸衣進行灌製，最後透過低溫慢煮熟成，再以冰水冷卻，所以每一口都彈牙多汁。

芝士瀑布安格斯漢堡（原價 MOP$68 / 科大優惠價 MOP$58）

雖然吃的時候很不方便，不過確實被它的霸氣外形震撼到，一大片熱溶芝士淋在安格斯漢堡上。建議不要在聚會時吃，吃到滿嘴都是芝士的滑稽模樣會被人拿來做表情包。

芝士瀑布熱狗（原價 MOP$53 / 科大優惠價 MOP$43）

熱狗配自家製香腸，再淋上一大片熱溶芝士，拿起來比芝士瀑布安格斯漢堡方便，不過也難免吃到一手都是芝士，可幸是他們有提供手套。

番茄肉醬熱狗（原價 MOP$53 / 科大優惠價 MOP$43）

番茄肉醬熱狗是校園的熱賣款式，味道無可挑剔，唯一覺得他們的出品無論用刀叉還是用手吃都很難優雅地品嚐。不過熱狗的發明是為了方便，從來都不走優雅路線。

澤賢記

址 點綻街區 P03 舖

澳門老字號雞蛋仔名店，其招牌產品「**葡撻雞蛋仔**」將澳門經典的葡撻元素與傳統雞蛋仔巧妙融合，創造出獨特的味覺體驗。

澤賢記在澳門多個地點設有分店，包括澳門銀河百老匯大街和官也街等旅遊熱點，經常大排長龍，唯獨科大點綻店不用排隊，除了因為甚少人知道這個秘境，定價比外面略高也是原因。以葡撻雞蛋仔為例，科大學生價是 MOP$45，校外人士價是 MOP$54，而在官也街和百老匯大街才賣 MOP$41。如果不太計較價錢，又想避開人群，可以考慮這裏。

葡撻雞蛋仔外層香脆，內餡為滑嫩的葡撻餡，蛋香四溢，每一口都能吃到葡撻的夾心，甚至有爆漿的情況。新奇口味令其火遍全澳，大量旅客慕名而至。

Burger Imcontrol 位於氹仔官也街兵房斜巷（蜂大咖啡旁），招牌同樣是葡撻雞蛋仔，還有漢堡。

葡撻雞蛋仔
並非澤賢記獨有

比較過澤賢記與另一家同樣主打葡撻雞蛋仔的 Burger Imcontrol，兩者做法各有不同，食客可依個人喜好選擇自己喜歡的味道。

澤賢記的葡撻雞蛋仔每一顆所含的葡撻含量比較高，而且從橫切面會清楚看到最外層厚厚的硬殼層，吃起來有脆脆的口感，咬下去是流心葡撻夾心，能明顯吃出兩種層次。

Burger Imcontrol 的葡撻雞蛋仔口感比較一致，從內到外均軟糯，葡撻的比例雖然不多，但香氣十分強烈，顏色更為鮮艷奪目。售價為 MOP$41，與同在官也街另一端的澤賢記同價，但比澤賢記科大點綻店便宜。

澤賢記官也街分店

澤賢記百老匯分店

新濠天地與摩珀斯酒店

說到澳門金光大道上的高端美食，新濠天地與摩珀斯酒店可說是饕客天堂。這裏雲集了六大頂級餐廳，可體驗傳統中餐到精緻法式料理。

址 澳門路氹連貫公路
交 澳門輕軌**路氹東站**（經澳門君悅酒店進入）

Artelli：沉浸式藝文空間

新濠天地的 Artelli 是一個充滿藝術氛圍的空間，結合當代藝術展覽、沉浸式體驗及藝術品收藏，讓客人在享受美食之餘，也能感受藝術的魅力。

這裏定期展出國際知名藝術家的作品，為澳門增添時尚與文化氣息。

新濠天地六大頂級餐廳

譽瓏軒（2025 年米芝蓮三星）：粵菜餐廳，匠心演繹傳統廣東風味，結合頂級食材與精湛技藝，締造高端中餐體驗。

杜卡斯餐廳（2025 年米芝蓮二星）：由法國名廚 Alain Ducasse 主理，提供正宗法式高級料理。

鮨金悅（2025 年米芝蓮一星）：為饕客提供廚師發辦（Omakase）體驗，主打正統江戶前壽司。

天頤：創新中餐料理，將經典粵菜以現代手法升級，如招牌「香茅煙乳鴿」，帶來皮脆、肉嫩、骨香的味覺享受。

風雅廚：由米芝蓮三星名廚杜卡斯打造，融合世界各地餐飲靈感，以獨特創意與法式工藝帶來非凡的美食體驗。

摩珀斯酒廊：提供法式下午茶與創意美點，在奢華空間中享受愜意時光。

餐廳廚師陣容堪稱夢幻，包括天頤總廚黃贊奇、摩珀斯酒廊廚藝總監 Christophe Duvernois、譽瓏軒行政總廚歐陽文彥、風雅廚總廚 Safa Rodas，以及杜卡斯餐廳主廚 Cedric Satabin。

如果你是牛扒狂熱愛好者，又喜歡透過美食享受視覺震撼，那永利扒房絕對是必去清單！這家位於澳門永利皇宮的高級扒房，遠不只是簡單的牛扒餐廳，而是一場將頂級食材、精湛手藝、3D 投影表演結合的豪華體驗。每一口美食，都像是舞台主角，帶來味蕾與感官的雙重享受。

址 澳門體育館大馬路永利皇宮
時 17:30~23:00
休 週二
電 (853)8889 3663（訂座）
交 ① 免費接駁車
② 輕軌至路氹東站
③ 若位處新濠天地、銀河、倫敦人、威尼斯人等附近，步行 10~15 分鐘即可到達

碳烤和牛西冷，配鰻魚、德式酸菜、魚子醬

像是較早前，永利扒房邀請了米芝蓮三星餐廳「泰安門」的創始人 Stefan Stiller，與永利扒房團隊聯手打造超強的客席名廚饗宴。這次合作把泰安門的創意歐陸料理與永利扒房的經典牛扒風格來個夢幻結合，讓食客不用飛到上海，也能在澳門品嚐到世界級精緻料理。

不過永利扒房的魅力不止於此，它還經常邀請國際級主廚與調酒師合作，推出期間限定的創意料理與雞尾酒，讓每次來訪都有驚喜。無論是浪漫約會、朋友聚餐，還是想對自己好一點來頓奢華大餐，這裏都不會讓你失望！

最讓人驚喜的是，原本在上海要價三千多的泰安門晚宴，來到永利扒房只需兩千以內就能品嚐！這不只是一場高端美食饗宴，更是時間與金錢的最高效利用，畢竟少飛一次上海，就省下機票、住宿，還能享受同等級的料理，怎麼算都值得。而且這種客席名廚活動一般只限三天，錯過就真的沒了！所以，老饕們記得時刻關注永利扒房官網的最新動態，才不會與下一場美食盛宴擦肩而過。

小牛配金槍魚、海苔，青豆塔配薄荷，蛋配蝸牛及歐芹

新西蘭深海鰲蝦配根芹、椰汁雞湯

鴨肝配油桃、黑扁豆、混合香料咖喱

澳門倫敦人是一座以英國倫敦為主題的超豪華綜合渡假村，從外觀到內部裝潢都充滿濃濃的英倫風情。大笨鐘、紅色電話亭、英式馬車，甚至連「皇家衛兵」都能在這裏找到，有一秒穿越到倫敦街頭之感！

在倫敦人的噴泉廣場亦會隨時遇到各種街頭表演，而其中最盛大的莫過於每晚 9:30 的皇后出巡，其時廣場號角響起，穿着制服的士兵揮舞着旗幟，然後女皇在陽台出來為廣場客人送上晚安的祝福，十分熱鬧。

2023 年 5 月 OPEN

澳門倫敦人

址 澳門路氹連貫公路

交 ①澳門各口岸均有澳門倫敦人的免費接駁車

②巴士：15、21A、25、25AX、26、26A、51X、56、NT4、B3 至連貫公路 / 倫敦人站

③「港澳一號」大巴：於澳門倫敦人、澳門威尼斯人及澳門金沙均設有直通車往返香港佐敦。每日設 10 班次往返。

這裏擁有多間五星級酒店，包括倫敦人酒店、倫敦人御園、康萊德酒店、瑞吉酒店，以及由金沙中國與萬豪國際集團首次在澳門開設的澳門倫敦人名匯豪華精選酒店，不管是奢華體驗還是親子渡假，都能找到合適選擇。其中澳門倫敦人酒店約有 600 間倫敦主題套房，其中 14 間套房更由大衛 ‧ 碧咸親自設計。

購物方面，倫敦人購物中心雲集各大國際品牌，還有英國特色小店。餐飲選擇超多，像是戈登 ‧ 拉姆齊英倫酒吧餐廳，讓你品嚐地道英式美食。

2023 年 10 月
OPEN

戈登拉姆齊英式酒吧

時 11:00~15:00、18:00~23:00

戈登拉姆齊就是我們熟知的「地獄廚神」Gordon Ramsay，他所開的餐廳終於來到澳門，不管他的出品地不地獄，也必定引來食客慕名而來試試他的話題之作 —— 英式炸魚薯條。

Gordon Ramsay 的招牌炸魚薯條。

聖誕布丁。

Gordon Ramsay 的另一名菜威靈頓牛扒。

邱吉爾餐廳

時 07:00~00:00（自助早餐 07:00~13:00）

店如其名，自開業以來食客對餐廳的評價有如評價邱吉爾爵士一生功過般持兩極意見，特別對口味、性價比以及預約方面都難以有一個共識。雖然口味每個人可以不一樣，但我蠻欣賞他們以《愛麗絲夢遊仙境》為靈感的「奇幻仙境下午茶」，以下午茶搭配魔術表演，為食客帶來驚喜。

妙・泰

時 17:30~23:00
休 週一
電 (853)8118 8822（訂座）
時 ① 着裝要求：時尚休閒。男士請穿長褲、有袖上衣及包頭鞋。
② 兒童政策：歡迎年滿 10 歲或以上人士。

如果想找一家既神秘又充滿儀式感的泰國餐廳，那麼「妙・泰」是不錯的選擇！這家隱身於澳門倫敦人酒店的高級泰國餐廳，以 Speakeasy（秘密酒吧）風格打造，入口看似復古馬廄酒吧，推開隱藏暗門才是正式的用餐區，整個過程猶如探險，充滿驚喜！

餐廳沒有包廂，但分為三個用餐區域，最大的是有很多燈籠組成的燈籠房。

其次是萬象廳，用很多木雕大象圖案屏風隔開。

第三個區域為守神廳，更為隱密，空間也比較小。

餐廳提供 MOP$888 和 MOP$1,288 兩種套餐，差別在於食材等級與主廚互動體驗，但即使選擇較低價位，也能品嚐到極具水準的料理，例如鮮美的帝王蟹肉蛋餅和經典芒果糯米飯，米飯可無限添加。此外，這裏的泰式辣度可不簡單，入口後直衝胃部，建議不能吃辣的朋友準備好椰青冰沙。

剛開業時只做晚市，現在多了三道菜和四道菜的午餐選擇，人均收費 MOP$288 和 MOP$388。

開胃前菜。

帝王蟹肉蛋餅

另一大亮點是泰式甜品車，吃完正餐後，除了迎賓雪葩和主甜品，還能從甜品車上選擇十多款泰式傳統甜點，例如泰國青木瓜、龍眼巧克力、泰式奶茶等等。相比其他頂級料理，這裏不僅價格相對親民，還能體驗豐富完整的 Fine dining 流程，可說是奢華又不失溫暖的泰式饗宴。

芒果糯米飯

香芋椰奶流心紫薯丸

像紫水晶的果凍以及酸梅味的雪葩是正餐之後喚醒味蕾的甜點。

路氹東站

澳門瑞吉酒吧

時 12:00~01:00（下午茶 15:00~17:30）

澳門瑞吉酒吧位於澳門倫敦人二樓，除了晚上有駐場歌手唱歌，下午茶時光也不只有傳統的 Tea Set，還能享用像英式水煮魚這樣的創意菜式。

下午茶擺設頗具心思，茶具用上 Royal Albert 英國皇室御用骨瓷，對於喜歡獨特餐具的朋友來說，這真是個極好的理由來打卡！

至於甜品，我最愛那道充滿儀式感的“Rose”，上菜時侍應會把玫瑰浸在液態氮中使其急凍在冰點，再讓客人拍打玫瑰花，讓花瓣如彩紙般灑下，親自為這道甜品完成最後一個工序。

北方鳴苑

時 24 小時，家庭入口 12:00~15:00、18:00~23:00

如果你喜歡北方菜，又對美食的精緻度有所追求，那北方鳴苑是個值得一試的地方。位於澳門倫敦人一樓，自 2021 年開業以來，就被不少人視為威尼斯人「北方館」的進階版。北方館專攻麵食，而北方鳴苑則偏向精緻小菜與宮廷風味料理。

這裏將經典的北方家常菜升級，加入現代料理手法。例如金桔鵝肝（MOP$168），廚師將鵝肝製成金桔造型，外層包裹着帶有果香的桔子味果凍，一口咬下是濃郁綿滑又帶點煙燻味的鵝肝。

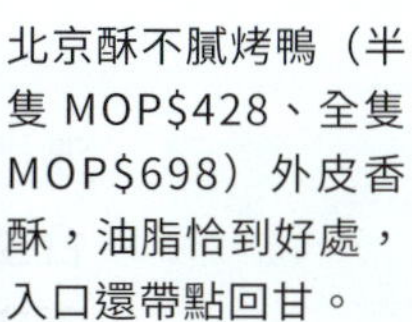

北京酥不膩烤鴨（半隻 MOP$428、全隻 MOP$698）外皮香酥，油脂恰到好處，入口還帶點回甘。

桃枝烤羊肉串（MOP$38 / 串），用桃木樹枝串起來燒烤，讓羊肉在高溫下吸收桃木的淡雅香氣，帶點果木燻香風味。肉質肥瘦適中，入口多汁。

個人特別推薦羅布泊烤多寶魚（MOP$388），用上烤羊肉的香料來處理魚肉，形成外酥內嫩的口感，鹹香四溢又不失細膩。

如果想體驗更奢華的宮廷風味，北方鳴苑在特定節日還會推出「清宮御宴」，以精緻的排場與傳統技藝，復刻清朝宮廷菜，一些受歡迎菜式甚至成為常駐菜單。

澳門上葡京綜合渡假村

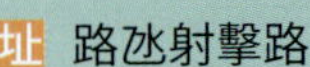

址 路氹射擊路

交 ① 免費接駁車：連接關閘、橫琴、澳門新葡京酒店、氹仔等
② 輕軌：從東亞運站步行約 8 分鐘
③ 巴士：35、50B、51、59、701X、MT4 至射擊路 / 上葡京站
④ 跨境巴士：可往來廣州、深圳及香港

澳門上葡京綜合渡假村是以高端體驗為主的綜合型渡假村，擁有 3 家 5 星級酒店——上葡京酒店、老佛爺酒店（2023 年 6 月開幕）及澳門范思哲酒店（2024 年 3 月開幕）。渡假村以豪華餐飲、購物和寧靜舒適的氛圍為主打，沒有主題樂園或大型娛樂設施，主要吸引高端旅客。

住宿

上葡京酒店

擁有約 1,400 間客房，融合中西元素，中間綠茵勝境花園適合舉辦婚禮及拍照。

The Karl Lagerfeld（老佛爺酒店）

全球唯一由時尚大師 Karl Lagerfeld 設計的酒店，風格簡約高貴。

Palazzo Versace（范思哲酒店）

亞洲首家范思哲主題酒店，由 Versace 團隊設計，展現奢華風格。

購物中心：包括 cdf 澳門上葡京店及 NY8 新八佰伴，提供偌大購物空間外，部分商品質優且挺划算。

特色餐廳：如自助山（600 多款環球美食）、無老鍋（台式火鍋）、茶樓（懷舊港式飲茶）、華亭（國宴大師主理淮揚菜）等。

高級餐廳：如御花園（粵菜江太史公菜）、瑞兆（日式割烹）、當奧豐素 1890（高級意大利餐廳）等。

御花園

主打江太史公菜，承襲晚清進士江太史公家宴的傳統，由香港名廚莊嘉輝掌舵，傳承自桃花源小廚的黎有甜，而黎師傅是江家最後一位家廚的弟子，可謂一脈相承。招牌菜式有原隻鮮蟹鉗、水晶虎蝦球，以及以鷓鴣取代蛇肉的太史鳳凰羹，展示出精湛手藝。

瑞兆

由香港米芝蓮一星餐廳「瑞兆」進駐澳門的高端廚師發辦（Omakase）料理，由近三十年經驗的總廚紀之本義則主理，採用「割烹」形式，菜式不局限於壽司，而是涵蓋前菜、烤物、鍋物、壽司等多種技法。餐廳僅設 6 個座位，每場只款待 6 人，廚師會根據即場交流與觀察，調整菜單以迎合食客口味。開業初期定價較高，如今已調整至較親民水平。

味賞

新派葡國菜，餐廳由時尚大師 Karl Lagerfeld 親自設計，每個細節都混用很多 Karl Lagerfeld 經典的黑白金元素。出品有兩大特色，一是開業時從香港知名酒吧邀請調酒師設計一系列以澳門及中草藥為題的調酒，二是走新派葡國菜路線。

范思哲酒店

酒店融合巴洛克風格與現代華麗裝飾，內外裝潢均展現 Versace 經典元素，如美杜莎標誌、希臘回紋、意大利大理石馬賽克鑲嵌藝術及黃金裝飾，僅是酒店建築已經是一件大型藝術品。

酒店大堂、餐具，甚至泳池旁的 Acapulco Chair 都有 Versace 標誌美杜莎頭像。

金色、白色、橙紅、粉紅色交錯，搭配大理石地板與藝術雕塑，設計帶古希臘風之餘又有幾分東方韻味。

尊貴套房

融合了瑰麗典雅的設計與高級家具，以特製布藝、花紋地毯、意大利水磨石地板及雲石馬賽克裝飾，營造出細膩華美的氛圍。房間色調柔和，並巧妙將意式設計與中國傳統美學結合。空間寬敞（76-87 平方米），並可俯瞰城市景觀。

尊貴客房

以 Versace 經典巴洛克花紋為設計主題，搭配鮮艷蘭花圖案，展現品牌獨有的華麗時尚風格。雙床房採用珊瑚色與金色營造奢華氛圍，而大床房則以亮黃與淡粉紅色調塑造雅緻空間。客房面積達 65 平方米，可欣賞城市景觀或園林美景。

浴室不只是浴室，更是 Versace 風格的個人小型水療中心。馬賽克大理石鑲嵌出代表豐饒的圖騰，加上 Versace 專屬香薰沐浴用品，使泡澡就像是沉浸在貴族的 Spa 裏。

范思哲泳池

設有室內恆溫泳池與戶外泳池，以意大利玻璃與雲石馬賽克鋪砌，並鑲嵌 Versace 經典龍形圖案。賓客可在最長 27 米室內泳池暢泳，亦可在陽光明媚的日子在戶外泳池邊游邊欣賞法式花園景致。室內泳池全年開放，戶外泳池則於 11 月至 4 月暫停開放。

水療中心

以精緻的意大利馬賽克與高級雲石打造，呈現 Versace 獨特的古典美學與奢華風格。接待區與護理區共使用超過 250 萬塊雲石與玻璃馬賽克磚，拼砌出品牌經典 Trésor de la Mer（海之寶藏）圖案。水療中心更融入菊花元素，從馬賽克裝飾、吊燈、花藝布置到奉茶儀式，充分展現中式韻味與意式美學。

我覺得范思哲酒店的餐飲規劃得蠻有章法，他們精準的把酒店旗下三家餐廳分成三種消費定位，分別是千元以上的正宗意大利菜當奧豐素1890，第二個層級是百元以上千元以下的嘉樂酒吧，還有百元以下的嘉樂雅座。甚至娛樂場外更提供免費小吃，總之不同消費預算的客人都可以找到屬於合意餐廳。

當奧豐素 1890

址 范思哲酒店三樓

我願意花人均 MOP$2,500 的消費請朋友在當奧豐素 1890 用餐，因為這裏有一整套 Rosenthal 聯乘 Versace 設計名為「夢回東方」的餐具，也有「世界最貴牛肉」稱號、法國頂級的 Polmard 牛柳，以及最豪華的正宗意大利七道菜用餐流程：前菜、間場、主菜、甜點、餐後小吃、咖啡、甜酒，加起來十多道菜，吃足四個小時，最後當然少不了由總廚 Federico Pucci 及米芝蓮名廚家族 Iaccarino 共同設計的菜式，所以我認為這是上葡京最物有所值的餐廳。後來因應市道而改良菜單，現在套餐的價格分為降至千元出頭，以及兩千元以下兩種，那不是更抵吃嗎？

嘉樂雅座（The Cafè La Scala del Palazzo）

址 范思哲酒店地面層 G10 號（酒店入口）

假如預算有限，身旁又是如柯德莉夏萍一樣的公主，這裏還有百元以下的選擇，帶她來嘉樂雅座吧！同樣使用 Rosenthal 聯乘 Versace 餐具，還有精緻浪漫的小蛋糕，另外可以單點一杯招牌咖啡，桌上還有玫瑰花（不可帶走），消費只是百元以下，而且服務員超級親切，還告訴我坐接駁車前來會派優惠券（消費 MOP$100 減 MOP$50）更便宜。注意嘉樂酒吧和嘉樂雅座的意大利名字很接近，進門時不要看錯。

嘉樂酒吧（La Scala Del Palazzo）

址 范思哲酒店地面層 G13 號（酒店入口）

左頁提及我是為了 Rosenthal 聯乘 Versace 的餐具而來，這裏的雖然不是「夢回東方」系列，而是配合嘉樂酒吧的 Tiffany 色主題，換上另一套鴨綠色餐具，但是價格降到 MOP$500 以下就有一個午市套餐，雖然用餐排場和食材未及當奧豐素 1890 的豪華，也不是只做意大利菜，甚至早上還能吃到味道不錯的生滾粥，但這有如柯德莉夏萍經典電影《珠光寶氣》的華麗場景和餐具，也夠貴婦小姐們快樂地用餐了！

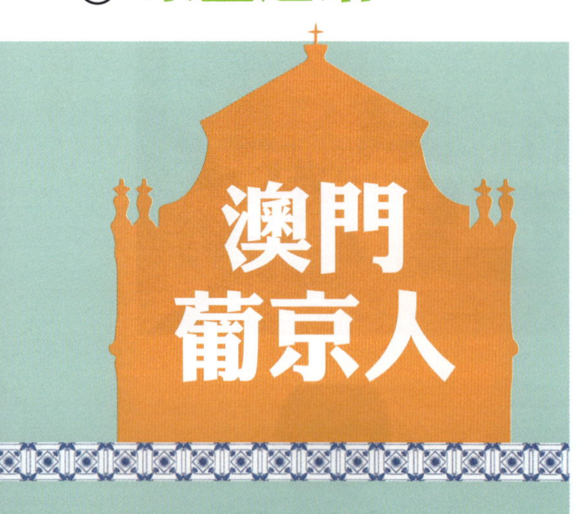

址 路氹城溜冰路

交 ① 免費接駁車：連接關閘、澳門凱旋門、港澳碼頭、氹仔客運碼頭、澳門國際機場、永利皇宮
② 巴士：35、51、59、MT4、N5 至溜冰路 / 葡京人站
③ 輕軌：從東亞運站步行約 5 分鐘

如果以為葡京人酒店這麼大，氣派又不失豪華，應該是五星級，那你可能要稍微調整一下預期 —— 因為它只是四星級！至於原因嘛，據說是因為欠缺健身房。是空間不夠嗎？當然不是，畢竟建築面積超過 14 萬平方米，還有室內泳池呢！那是刻意為之，還是另有隱情？

說到位置，葡京人在路氹城的酒店梯隊中，確實有點「隔涉」。如果以路氹城最繁華的金光大道為中心，威尼斯人、新濠天地是第一梯隊，永利皇宮、美獅美高梅是第二梯隊，上葡京是第三梯隊，那麼葡京人可能就是最後排的第四梯隊。不過這樣也有個好處，就是房價常常帶來驚喜！當其他酒店房價輕鬆破四位數甚至更高時，葡京人還是能給出三位數的優惠房價，適合精打細算的旅客。當然，酒店設有高級房型，滿足不同需求。

葡京人擁有 820 間客房，三間酒店各有主題。

Line Friends 主題酒店

超可愛，適合親子與粉絲，價格從四位數起跳。

葡京人酒店

主打 60 年代老澳門風情，房間最多，房價最親民。

L'OCCITANE 酒店

高級護理體驗，沐浴露、枕頭香薰都能帶走，住一次皮膚都變好了。

娛樂與遊樂設施

葡京人提供多種刺激與家庭友善的娛樂活動。

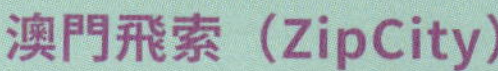

澳門飛索（ZipCity）

388 米長高空滑索，可俯瞰葡京人全景，體驗價 MOP$388 起。

GoAirborne 室內跳傘

模擬高空跳傘的無重狀態，新手體驗價 MOP$799，提前 2 天網上預訂 MOP$599。

英皇戲院

設有 IMAX 影廳。

蜂狂天地

一萬呎兒童及電子遊戲區。

東亞運站

Line Friends 酒店

如果你是 Line Friends 粉絲，或者單純熱愛可愛事物，那麼葡京人的 Line Friends 酒店一定能讓你眼睛發亮！但要先有心理準備，這裏的房價一律四位數起跳，因為可愛也是一種奢華（笑）。酒店只有 82 間房，佔總房數的 10%，分為三種房型——Line Friends 主題房、Brown 主題房和 Cony 主題房，有選擇困難的朋友可能要糾結一下該住哪間了。

進到房間，會發現這裏不只是掛幾幅 Brown 和 Cony 的畫就算，而是從牆紙到地毯，每個細節都充滿 Line Friends 元素，根本是拍照打卡的天堂！每一間房的油畫設計都不同，所以住不同房型，就像是開盲盒一樣充滿驚喜！更棒的是，部分房型還有超寬敞露台，不同房型的露台上會有不同的 Line Friends 角色，隨時有 Brown 或 Cony 陪你曬太陽。

如果你真的愛 Line Friends 到極致，那麼最大套房才是終極選擇，因為只有這裏才有齊幾個角色！

房內有不少周邊商品，如果哪個抱枕或擺飾讓你捨不得放下，都可以花錢帶回家，讓這趟旅程的可愛延續下去。

特別提醒，房間沒有雪櫃，也沒有零食吧台，但樓層設有零食販賣機，只能以電子支付。

餐飲方面，葡京人有幾家自家品牌，有懷舊茶樓澳門皇宮、茶餐廳粲哥冰室、中式麵家招牌麵、西式咖啡酒廊 Angela's Cafe 及 Line Friends Cafe。

Line Friends Cafe

如果覺得住 Line Friends 酒店還不夠，那麼葡京人的 Line Friends Cafe 一定能滿足閣下的萌系心靈！這不是普通的咖啡店，而是可吃掉 Brown、喝掉 Cony，還能拍出 100 張打卡照的夢幻樂園！

一進門，Brown、Cony、Sally 就像熱情的店員迎接你。無論是牆上的壁畫、桌上的餐具，還是蛋糕上的拉花，全！部！都！是！Line Friends！

當然，來到咖啡店怎能不點些特別餐點呢？Brown 創意奶昔、Sally 造型甜點，連餐盤都可愛到不忍心用！每一道餐點和飲品都是視覺系美食。

L'OCCITANE 酒店

葡京人的 L'OCCITANE 酒店不只是住宿，而是一場沉浸式的南法薰衣草田之旅，一踏進房間就像轉移到普羅旺斯，充滿淡淡香氣，光聞就覺得自己氣質提升了檔次！

房間裏的所有 L'OCCITANE 產品，幾乎都能帶走！從洗髮乳、沐浴露到特製的枕頭香薰，都是可以「合法打包」的戰利品（當然，洗手液是鎖住的）。所以住這間酒店的隱藏玩法是：房費不只是買一晚住宿，還順便補齊整套護膚品，是不是超划算？

房間的護膚品等級和房價掛鈎 —— 住一般房型，拿到的是正常版；住進高級房，附送的沐浴露就變大瓶；住進套房，可真是應有盡有，連香薰蠟燭都準備好。

葡京人的咖啡灣

址 H853 Fun Factory 娛樂廠 1 樓 R08a–R12 舖

時 週一至四 11:00~19:00、週五至日 11:00~21:30

葡京人的咖啡灣（The Cotiz Macau）是家充滿京都風情的日式烘焙小店，不僅環境溫馨，還有超誘人的甜點，像是爆漿酥皮泡芙和濃郁的昭和風硬布甸，搭配職人手沖咖啡，是味覺與嗅覺的雙重享受！店內裝潢充滿日系文青感，每個角落都適合拍美照，讓人邊品味咖啡邊療癒身心。

我在上一本澳門書介紹的時候，它還叫「蟹家小院」，如今已升格為「蟹家大院」，不只名字變大了，整體服務與菜品也大升級！這家來自上海的高人氣餐廳，讓食客**一年四季都能享受大閘蟹的美味**，價格上比國內還划算，真正實現了「蟹黃自由」！

蟹家大院（葡京人店）

址 懷舊澳門區 F01–F03 舖
時 12:00~22:30

飛天蟹（MOP$300）

用 53°飛天茅台搭配陳年黃酒釀熟，每隻蟹還有鐳射雕刻專屬標記，儀式感滿滿！

店家服務超貼心，不僅提供免費 S.Pellegrino 氣泡水和百年非遺桂花酸梅湯，還有額外贈送的薑茶、陳皮花生，甚至連飯麵都能無限續！此外還設寵物友好的露營椅桌區，就連戴眼鏡的客人，都貼心準備了專用擦拭濕紙巾，這麼熱情的服務，讓人怎麼能不回頭？

蟹黃金・生日麵（MOP$360）

足足 12 隻大閘蟹、200 克蟹黃，一口奢華到底！

蟹白虎・黑松露蟹粉飯（MOP$280）

蟹黃的鮮香與黑松露的層次感融合，拌勻才能吃出最佳風味！

蟹肉肉（MOP$138）

滿滿蟹爪精華，細膩鮮甜，每根麵條與蟹肉交纏，讓人欲罷不能！

蓮花站

輕軌蓮花站是往來橫琴站的轉乘站，可以直達橫琴口岸，十分方便。在蓮花站下車可以從行人天橋直達新濠影匯和 W 酒店。

新濠影匯

說到新濠影匯（Studio City），第一印象就是超華麗的荷里活大片級設計，還有標誌性的「影匯之星」摩天輪，可俯瞰路氹城一帶景色。整個酒店充滿濃厚的電影主題元素，無論是房間、娛樂設施甚至餐廳，都有置身電影場景的感覺。不過新濠影匯的重頭戲，絕對是它的水上樂園！

址 路氹連貫公路
交 www.studiocity-macau.com/tc

室內水上樂園

就算外面刮風下雨，來這裏就不怕！這是亞洲最大室內水上樂園，一年四季開放，水溫剛好，還有超多滑水道和親子玩樂區，懶人可以泡溫水池放鬆，愛刺激的可以試試高速滑水道。有時這裏會邀請海外巨星來開水上派對，吸引眾多粉絲參與，出行前可以留意官網的最新活動。

蓮花站

室外水上樂園

如自問是極限玩家，那室外水上樂園一定是你的菜！設有超高滑水道，還有超逼真的人造巨浪，體驗衝浪快感。還有漂流河、兒童專區，讓你一整天都泡在水裏，享受夏日狂歡！

不過要提醒，參與水上活動需要注意安全，場內一條名為「旋風回龍」的滑梯曾於 2021 年發生泳客受傷事件而引起關注，酒店派員檢查後稱並無異常。無論事出何因，各位還是小心為上。

威尼斯人是澳門最具代表性的綜合渡假酒店，以意大利威尼斯為設計靈感，擁有 3,000 多間豪華套房、威尼斯人運河、超過 350 間國際品牌的購物中心，還有大型娛樂場、餐廳和表演場地。

址 澳門望德聖母灣大馬路
網 https://hk.venetianmacao.com/
交 ① 所有口岸均有接駁車
② 巴士 15、21A、25、25AX、25B、25BS、26、26A、35、51X、56、MT1、MT3、MT4、N3 至望德聖母灣馬路 / 紅樹林站，或至連貫公路 / 新濠天地站
③ 輕軌至路氹西站

威尼斯人綜藝館

2024 年 RENOVATE

對澳門威尼斯人最重要的新設施，就是不惜工本打造的金光綜藝館升級計劃，並於 2024 年年底完成，正式更名為「威尼斯人綜藝館」，對建設「演藝之都」發展演唱會經濟有重要意義。

澳門 TeamLab 超自然空間

2023 年
EXPAND

時 11:00~19:00（最後入場時間 18:15）

如果喜歡沉浸式藝術展覽，澳門的 TeamLab 超自然空間絕對值得一去！這是亞洲規模較大的 TeamLab 展館，展區高達 8 米，佔地 5,000 平方米，場面壯觀得像進入了另一個世界。

目前 TeamLab 的人流相對較少，比起以前一進去就人擠人，現在完全是絕佳的拍照時機！

TeamLab 在 2023 年增設了「漂浮的花園」、「無相之雲」和「幻花亭茶屋」三個展區。不過想進入這些區域，除了購買全日票（成人 MOP$288、兒童 MOP$208），還要額外加購 MOP$100 的門票。

威尼斯人綜藝館是亞洲最大室內綜藝館之一，可容納約 14,000 名觀眾。設施先進且多功能，座位更舒適，可舉辦音樂會、NBA 級體育賽事、電競錦標賽、國際級頒獎典禮和企業會議等大型活動。計劃遊澳門前可先留意是否有感興趣的演出活動，既可以參與或選擇避開住宿房價高峰，對旅客而言有重要意義。

三大新展區亮點

漂浮的花園：夢幻桃花島迷宮

由鏡屋 + 會升降的真花組成的奇幻空間，隨時間流動，花朵會上下飄動，有種身處武俠小說中桃花島迷宮的感覺。在人少的時候，拍攝效果更夢幻。

幻花亭茶屋：喝茶 + 互動投影

TeamLab 罕見的「可食用展覽」！門票 MOP$100 包含一杯茶和雪糕，還有其他付費食物可選擇。這裏的特別之處在於，投影會根據你擺放餐點的位置變化，讓食物和藝術完美結合。邊吃邊看美麗的光影變化，簡直是視覺與味覺的雙重享受！

無相之雲：超巨型洗衣機（！？）

這個展區的宣傳照是白衣少女沉浸在雲朵中，畫面看起來空靈又夢幻。但現場體驗的真相是 —— 猶如進入了一台巨型洗衣機！房間裏充滿機械的轟隆聲，巨大的肥皂泡隨着風力系統旋轉，像是走進一場泡泡風暴。

進場時，每個人都要穿上防護衣、眼罩、口罩和鞋套，以防泡泡接觸到眼睛或鼻子，以及弄濕衣服或頭髮。

雖然與宣傳照相去甚遠，但如果不抱着「唯美空靈」的期待，這其實是個超搞笑又特別的體驗。畢竟在哪裏能看到一兩層樓高的泡泡在你身邊旋轉呢？

來到醉江南，不只是吃飯，而是一場味覺與文化的雙重旅行！這可不是普通的江南菜館，而是由星級名廚梁子庚領軍，帶領食客用味覺探索上海、江蘇、浙江的精髓。梁師傅不僅曾參與拍攝《舌尖上的中國》，還是中國版《Master Chef》評審之一，憑藉多年中餐界的經驗，顛覆傳統，為江南菜帶來新意。

醉江南

址 澳門威尼斯人 1 樓 1078 號舖
時 12:00~15:00、18:00~23:00
休 週二
電 (853)8118 8822

金元寶富貴雞（MOP$505）

這可不是一般的叫化雞，而是升級版！外層形似金元寶，上菜時還會附上小槌子，讓食客親手敲開，寓意財源滾滾。裏面是整隻用荷葉包裹的嫩雞，酒香四溢，肉質軟嫩，一口咬下幸福感爆棚。

醉江南的料理精緻、環境華麗、細節滿分。雖然晚市人均消費約 MOP$1,500，但當你沉浸在梁子庚師傅精心打造的美食與氛圍，便會覺得物有所值。這裏亦有 MOP$298 的午市套餐，以及僅限午市的 MOP$588「醉江南」品嚐菜單，包含前菜、湯品、主菜、素菜、主食和甜品，是很划算的選擇。

走進醉江南，就像穿越回上世紀 20、30 年代的上海灘，設計融入了藝術裝飾風格，華麗又復古。除了味蕾享受，這裏還有古箏演奏，讓食客在悠揚的音樂聲中，感受最精緻的江南風韻。

醉江南

年糕燒東海黃魚（MOP$655）

魚肉細嫩到入口即化，搭配吸滿魚汁的年糕，嚼勁十足，這才是江南家鄉味最迷人的地方。

無菌花雕醉膏蟹（MOP$575/隻）

這道花雕醉蟹可不是普通的醉蟹，梁師傅特別挑選當季最肥美的膏蟹，用獨門技術處理後，加入紹興花雕酒、八角、肉桂等多種香料醃製，讓蟹肉極致鮮甜，入口滿是奢華的層次感！

江南紅燒肉（MOP$438）

紅燒肉可說是江南菜的靈魂，醉江南的做法更是講究。選用最上乘的五花肉，經過真空壓縮處理，讓每一塊都油而不膩，入口即化，甜鹹交織，簡直是紅燒肉界的天花板！

大白兔奶糖十三么（MOP$218）

這道甜點喚起了童年回憶。以大白兔奶糖為靈感，外形做成麻雀，可以邊吃邊喊「食糊」，趣味十足。

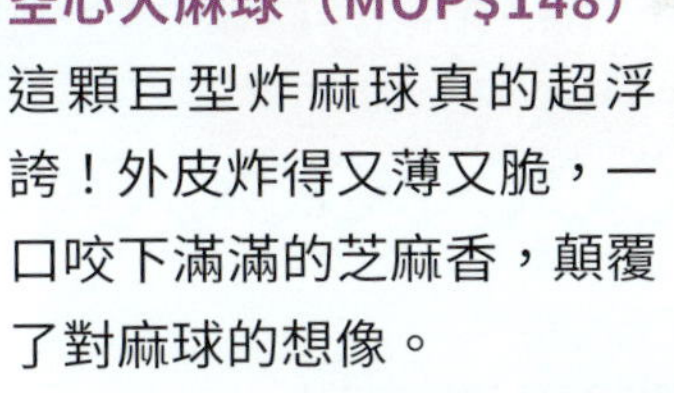

空心大麻球（MOP$148）

這顆巨型炸麻球真的超浮誇！外皮炸得又薄又脆，一口咬下滿滿的芝麻香，顛覆了對麻球的想像。

清湯魚茸蓮蓬（MOP$88／每位）

桂花煮糯米藕（MOP$115）

建議先在官網預覽菜單和查閱金沙時尚銀行卡的折扣優惠，做好消費規劃，那麼在現場驚艷到你的，只有充滿創意的菜式。

澳門巴黎人（The Parisian Macao）

澳門巴黎人以巴黎建築風格為特色，而最顯眼地標巴黎鐵塔是以原巴黎鐵塔 1/2 的比例去建造。在設計規劃上與對面馬路，倫敦人旁邊的巴黎人花園連成有歐陸特色的園林景觀，是遊人最喜歡的大型打卡點。巴黎人花園近年開放舉辦大型活動，如澳門之味巡禮 —— 五都薈萃，便在此舉行小型美食節，設百多個攤位。

購物方面，巴黎人購物中心有部分國際連鎖品牌與威尼斯人相同，在人流密集的旺季，在這裏會有較舒適的購物體驗。

址 澳門望德聖母灣大馬路
網 https://hk.parisianmacao.com/
交 ① 所有口岸均有接駁車
② 巴士 15、21A、25、25AX、25B、25BS、26、26A、51X、56、MT4、N3 至連貫公路 / 巴黎人，或至連貫公路 / 新濠天地站
③ 輕軌至**路氹西站**

巴黎軒

址 巴黎鐵塔 6 樓
時 週六日 11:00~15:00、18:00~22:30，週四至二 18:00~22:30
休 週三

它並不是位於倫敦人裏面，而是在對面的巴黎鐵塔上。別以為巴黎軒是做法國菜，它原來是做中法混合菜式，2022 年重開之後專注做懷舊粵菜。

常有朋友問我怎樣可以在巴黎鐵塔上用餐？我就告訴他去「巴黎軒」吧！

前往時要先到澳門巴黎人的5樓一個門口，乘專屬電梯到巴黎鐵塔6樓，門口比較隱閉。

巴黎軒內的環境，穿插着鐵塔的鋼鐵結構。

懷舊點心天鵝酥和蝦多士的確是令人懷念的味道。

主廚妙筆生花，擺盤都畫上國畫來。

巴黎軒的定位是高級中餐，亦獲得《2023黑珍珠餐廳指南》二鑽餐廳，所以點心會較貴，平均MOP$80至MOP$120一籠。現在比以前好的一點是接受Walk in客人，重開之前沒有預約的話基本上都會吃閉門羹。

澳門四季酒店

址 澳門望德聖母灣大馬路
網 www.fourseasons.com/zh/macau/
交 ① 所有口岸均有接駁車
② 巴士 15、21A、25、25AX、25B、25BS、26、26A、51X、56、MT4、N3 至連貫公路 / 巴黎人，或至連貫公路 / 新濠天地站
③ 輕軌至路氹西站

澳門四季酒店（Four Seasons Hotel Macao）是金光大道上最低調奢華的五星級酒店之一，擁有約 360 間客房及套房，環境寧靜私密。

設施一應俱全，包括五個室外泳池、世界級水療中心、精緻粵菜餐廳紫逸軒。

酒店內的四季名店是購物愛好者天堂，雲集超過 150 個國際奢侈品牌，如 LV、Gucci、Hermès、Chanel 等，也有時尚精品和化妝品，並提供免稅服務。

曉亭

時 10:30~22:30，下午茶 14:15~18:00

來到澳門四季酒店想找個地方輕鬆享受美食，我不一定會先推薦那家光環滿滿、米芝蓮與黑珍珠雙料加持的紫逸軒，反而覺得曉亭才最能代表這間酒店的靈魂。

曉亭的陽台連接到四季酒店的花園，飯後能漫步消食，真的很愜意。

小知識：從「華屋」到「曉亭」

2020 年，華屋因營運環境變遷而歇業，但四季酒店沒有停下腳步，2021 年改造出更符合現代需求的曉亭。設計更講求私密感，座位之間距離變大了，還設有屏風，能悠閒自在地享受餐點。如果想感受陽光與微風，還能選擇在戶外用餐。

鬆餅

來到曉亭，不試試鬆餅真的說不過去。不論這裏叫「華屋」還是「曉亭」，食客對鬆餅的評價始終如一——外脆內軟，帶濃郁牛油香。可以選擇甜版的提子乾鬆餅，或是簡單卻經典的原味鹹版。很多人會點一份鬆餅，配上一杯咖啡或茶，在陽台上享受悠閒的午後時光。

下午茶

這裏的下午茶不止於下午供應，中午也可以點，但每日限量。下午茶為二人分量，但四個人來吃可能都會吃不完還要打包帶走，可見非常豐盛。下午茶點心會隨季節變換，幕後更動用酒店 F&B 三個團隊中廚、西廚還有甜品師，像極古時宮廷御膳房的精雕細琢。

炸魚薯條

下午茶雖然精彩，但我最念念不忘的還是炸魚薯條。剛開業時，曉亭的炸魚超巨型，厚厚的鱈魚肉外層炸得金黃酥脆，內裏嫩滑多汁，讓人驚艷。

最近酒店為了推動可持續發展，改用了獲認證的永續漁獲鱈魚。由於這類鱈魚的大小無法保證統一，因此新版本的炸魚是小一點，但風味依舊。而且還採用「兩段式炸法」，先炸至半熟再升高溫度讓外皮更酥脆，增加口感層次。

醬料方面也很用心，搭配了三種風味：經典他他醬（白色）、清新青豆醬（綠色）、和風甜咖喱醬（黃色）。

連薯條都有專屬沾醬——紅色番茄醬與自家製蛋黃醬。整體來說，這道炸魚薯條很有「霸主級」的氣勢！

路氹西站

來曉亭，不只吃西餐，還能品味經典澳門味

雖然曉亭的下午茶和炸魚薯條很出名，但它的精髓其實是融合澳門風味的中菜。菜單上會有乾煸四季豆、避風塘炒蝦仁等傳統中菜，還有本地品牌的 Kombucha（康普茶），這款手工發酵的益生菌茶是近年的健康風潮，是內行人才知道的隱藏版飲品。

非洲雞

非洲雞是澳門獨有菜式，據說最早是為了慰勞來自莫桑比克和安哥拉的葡裔士兵，某位南灣酒店的廚師便用了大量非洲香料製作出這道帶有辛辣與花生醬風味的烤雞。

我小時候吃到的非洲雞都超級辣，所以認為這才是正宗非洲雞。近年這道菜的口味趨於溫和，花生醬與番茄的比例提升，辣度降低。曉亭的沒有過多花巧，選用春雞烤製，外脆內嫩，搭配濃郁的沙嗲醬，風味十足。這道菜的薯條是用番薯製成，比馬鈴薯更甜更軟。

I Love Mango

這道甜品讓我聯想到台北歐華牛排館的 George 主廚曾用「粟米的一生」為題，做出包含粟米的固態、液態和爆米花形態的創意料理。而 I Love Mango 則以芒果的全形態做出各種創意料理：芒果汁、芒果肉、芒果雪葩、芒果脆片，甚至還有西米，組合起來就像是升級版的楊枝甘露。如果是芒果愛好者，這道甜點絕對會讓你愛不釋口！

曉亭的魅力

雖然曉亭不是澳門四季酒店最高級餐廳，但它最能展現酒店的獨特魅力。價位在酒店餐飲裏屬中等，卻充滿創新與誠意，不僅能吃到經典澳門風味，還能體驗酒店如何適應時代變化。更重要的是，這裏有一個能讓人放慢腳步、享受美食與陽光的環境，難怪成為我和朋友最愛的聚會地點之一。

王手拉面

時 11:00~22:30

這是一家低調的拉麵店，我說低調有兩個原因：一是位置比較隱閉，大概位於四季紫逸軒附近靠近娛樂場那邊；第二是它開業時正值疫情時期，在那個一切尚未明朗的氛圍，王手拉麵摸着石頭過河，從零開始，靠口碑做起來。

不過酒店對這家店特別重視，探店當天就看到酒店的 F&B 主管到場監督，甚至幫忙端菜、觀察客人反應，可見這家店的低調不代表隨便。更讓人驚喜的是，這裏的拉麵都是特別訂製，而且吧枱前還擺着兩個大湯鍋，裏面正用大骨熬煮着濃郁湯頭，未吃已嗅到誘人香氣。

鎮店之寶：王手海鮮拉麵

如果想體驗一碗奢華到不行的湯麵，那必須試試這碗王手海鮮拉麵（MOP$888）。這碗麵的陣容有多誇張？以蟹黃濃湯作基底，鮮美濃郁，加上本地青龍蝦、北海道帶子、鮑魚、昆布，全部都是頂級貨色。雖然價格有點「離地」，但環顧四周，不少人都點了這碗拉麵，證明它真的有吸引力！

如果吃完拉麵還意猶未盡，想再來點更奢華的，還有 MOP$458 的澳洲 M9 和牛三文治。它就像是「高級漢堡」的進化版，選用頂級和牛，肉質細膩、油花豐富，是一口咬下去會讓人滿足地閉眼的那種體驗。

當然，不是每個人都想花 MOP$888 吃一碗麵，這家店的常規選擇其實價格很合理，而且相當直白：MOP$138 有 1 塊叉燒，MOP$168 有 2 塊叉燒。可選豚骨擔擔麵（辣味）或豚骨拉麵（原味），價格一樣。

路氹西站

址 路氹望德聖母灣大馬路
網 www.galaxymacau.com/zh-hant/ticketing/event-list/
交 輕軌至路氹西站

銀河綜藝館是澳門近年最受矚目的大型演出場地，位於銀河綜合渡假城內，自開幕以來吸引了眾多國際巨星、亞洲天王天后來此開唱，當中包括韓國人氣女子組合 BLACKPINK、歌手王嘉爾、樂壇天后陳慧琳等。

場館最多可容納 16,000 名觀眾，不僅是澳門最大的室內綜藝館，還擁有全球最大 4K LED 屏幕，音效、燈光設備都達到世界級水準，讓觀眾能夠沉浸在震撼的演出體驗中。

韓國人氣女子組合 BLACKPINK 演出期間，整個澳門銀河亮起粉紅色的燈光，照亮路氹城夜空。

銀河綜藝館的誕生，使澳門的演唱會市場迅速崛起，許多歌迷會專程來澳門看偶像開唱，帶動了酒店、餐飲、購物、娛樂等相關消費，刺激澳門的夜間經濟，甚至有歌迷來澳門「追星兩日遊」，看完演唱會順便渡假購物。

輕軌直達，交通更便捷！

每逢有巨星演唱會這一帶都會超堵車！自從有了澳門輕軌，搭乘到路氹西站，下車後步行幾分鐘就能直達銀河綜藝館，不需要轉乘接駁車或步行很遠，不論對遊客還是本地觀眾，都是一大福音。

澳門 JW 萬豪酒店
澳門麗思卡爾頓酒店

澳門 JW 萬豪酒店和澳門麗思卡爾頓酒店均坐落在澳門銀河綜合渡假城內，一個主打時尚奢華，一個走極致尊貴，各有特色。

址 氹仔望德聖母灣大馬路
網 www.galaxymacau.com/zh-hant/hotels/jw-marriott/、www.galaxymacau.com/zh-hant/hotels/the-ritz-carlton/
交 輕軌至**路氹西站**，從酒店正門進入；輕軌至**排角站**，經澳門銀河進入

JW 萬豪酒店：豪華又有渡假氛圍

這可是亞洲最大的 JW 萬豪酒店！裝潢典雅、空間寬敞，部分房型還能俯瞰整個銀河渡假城景色，有種置身於熱帶渡假勝地的感覺。

天浪淘園

住在這裏，最棒的就是可以直接通往天浪淘園，裏面有全球最長的空中衝浪池和漂流河，隨時感受陽光與水花的樂趣。

路氹西站

名廚都匯

費 午餐 MOP$388~MOP$418、晚餐 MOP$598~MOP$638（因應平日與節假日而異）

推薦這裏的名廚都匯自助餐，不但菜式豐富，海鮮、燒烤、甜點應有盡有，特別是北京烤鴨和龍蝦，每次都是最快被秒殺的人氣之選！此外，餐廳還會每季邀請來自世界各地的萬豪主廚，帶來不同菜系的新風味，讓每次造訪都充滿驚喜。

土生葡式風味

除了自助餐，大堂酒廊的土生葡式下午茶（MOP$468 / 套）也是亮點之一。靈感來自澳門博物館展示的土生葡菜，甜品師還參考了相關典籍研發，讓人一口就能品味到地道的澳門風味。對於時間有限的旅客來說，這套下午茶一次就能嚐盡多種土生葡菜特式，可說是澳門美食的縮影。

麗思卡爾頓酒店：低調奢華、尊寵體驗

如果說 JW 萬豪熱鬧又充滿渡假感，那麼澳門麗思卡爾頓就是靜謐奢華、極致尊寵的代表。這裏採用全套房式設計，房間數量不多，但每間套房都擁有獨立客廳與睡房，搭配細緻的服務，有種款待貴族的感覺。

麗軒

麗思卡爾頓的高級感不僅體現在住宿，還有餐飲體驗！麗軒位於 51 樓，高踞澳門天際，是本地最有名的高樓層中餐廳。由中餐行政總廚何漢升師傅掌舵，憑藉頂級粵菜手藝與創新巧思，麗軒連續多年榮獲米芝蓮一星殊榮。無論是想品嚐精緻點心，還是體驗奢華晚宴，這裏都能滿足你味蕾。

橫琴站

址 路氹望德聖母灣大馬路
網 www.galaxymacau.com/zh-hant/ticketing/event-list/
交 輕軌至**路氹西站**，或巴士 25B、25BS、50、102X、701X、N6 至橫琴澳方口岸站

輕軌橫琴站是澳門輕軌延伸至橫琴口岸的重要車站，作為澳門與橫琴之間的交通樞紐，讓旅客能無縫地接駁兩地。該站直達橫琴口岸大門側，並與內地的珠機城際鐵路接軌，使往來澳門與橫琴更加便利。

車站內部設計現代化，雖然有乘客反映動線有點迂迴，但比昔日需要由蓮花站轉乘巴士方便。對於澳門居民和遊客而言，輕軌橫琴站無疑是探索橫琴新區、享受澳琴一體化發展的最佳交通選擇！

值得一提是橫琴口岸在 2024 年起實施「一線放開、二線管住」政策，意味從澳門進入橫琴的通關程序更簡化，加上一地兩檢，旅客可更快通過橫琴口岸，減少等待時間。加上交通接駁順暢，使往來橫琴更為便利。不過，前往內地其他地區仍需通關檢查，需留意相關規定。

回澳時若攜帶商品符合免稅範圍，毋須再繳稅，直接提升了購物意慾。整體而言，新政策促進兩地融合，提升橫琴的商業與旅遊發展。

❶ 九澳聖母村 ❷ 荔枝碗船廠片區 X11-X15 ❸ 泰興棧 ❹ 澳門海上遊 ❺ 十月初五馬路
❻ 聽海 ❼ 小日子路環店 ❽ 澳葡金奇 ❾ 鏡海教育中心 ❿ 路環輝記美食茶座

路環

路環是澳門最南端、也是面積最大的島嶼，但現在與路氹城已經連接，令島與島的邊界模糊不清。相比澳門半島和氹仔這些熱鬧的地區，路環的步調慢得多，交通也沒那麼方便，對旅客來說，這裏更像是深度遊的寶藏地。

說起路環，大部分人第一時間想到的，可能是經常出現在香港電影和韓劇裏的路環聖方濟各堂，或者是全澳門最知名的葡撻發源地安德魯餅店，但如果想更深入探索路環，便需要先搞清楚一個讓許多網紅都弄錯的地方 —— 十月初五馬路≠十月初五街！詳情請留意本篇內文。

澳門高爾夫球鄉村俱樂部

交通

巴士 25、26、50、N3 ---→ 路環市區

15、21A、26A ------→ 路環居民大會堂

九澳聖母村

址 澳門九澳聖母馬路
交 巴士 15S1、21A 至聖路濟亞中心站

九澳聖母村，名字聽起來有點神秘，實際上它的歷史是帶着一絲滄桑。這片建築群位於路環九澳村旁，曾經是九澳痳瘋院舍和七苦聖母小堂，因為痳瘋病人需要被隔離，所以這裏曾經與世隔絕。荒廢多年後，2020 年活化成為文青打卡熱點。

不過，九澳聖母村的走紅，某程度上是因為疫情時澳門居民無法出境，大家只能在本地探索新景點，才讓這個偏遠之地一躍成為熱門打卡點。

七苦聖母小堂。

修復前的九澳聖母村。

來之前需要知道的幾件事！1

●廁所問題

由於這裏是受保護古蹟，不能隨意改動建築，所以沒有固定廁所，只能用流動的，有顧慮者要三思。

來之前需要知道的幾件事！2

●這裏不只是拍美照的地方

如果對九澳痲瘋院的歷史有興趣，這裏會讓你更深刻地了解當年的隔離政策，以及那些被社會遺忘的人的故事。

自由行 VS 旅行團：九澳聖母村適合誰？

這個景點適不適合自由行？答案是——難度不小！

旅行團

九澳聖母村算是友好的，因為有旅遊巴直達，交通問題迎刃而解。

自由行

- 這裏距離路環市區甚遠，公共交通選擇少，想搭巴士都要有耐心。
- 就算是本地人自駕，周邊合法車位極少，一位難求。
- 這裏曾是澳門最偏僻的痲瘋院，猶如「被放逐之地」，所以今天的交通條件仍然不算理想。

當然，如果你是對澳門已經熟門熟路的資深玩家，那九澳聖母村會是擴展旅行版圖的好地方；如果只是短期自由行，考慮到交通問題，可能需要多做點功課，甚至考慮包車前往。

來之前需要知道的幾件事！3

●從探秘勝地到正能量基地

昔日的九澳聖母村是午夜探險、尋幽探秘的好去處，許多本地人年輕時都來這裏「試膽」。如今它的功能已經不同，咖啡店和展覽館由戒毒的更新人士經營，讓這個地方承載着希望與重生意義。

未來可期，期待更完善的交通！

在這裏工作的人員曾分享，他們很感恩澳門政府提供這個重新融入社會的機會。所以，隨着九澳聖母村的活化，希望未來能有更好的交通配套，讓更多人能夠輕鬆抵達，了解這個融合了歷史、信仰與人文故事的地方。

荔枝碗船廠片區 X11-X15

澳門的歷史不只是賭場與老街，這個城市曾是世界貿易的重要中繼港，甚至擁有輝煌的造船業時代！早在明朝，澳門因為海禁政策的特殊待遇，迅速發展為廣州的外港，也是西方國家進行東方貿易的中轉站。貿易帶動造船，讓澳門的造船業一度風生水起，而其中的代表，就是荔枝碗船廠。

目前透過「船說故事」、「匠人船藝」及「記憶船承」三個長期展區，講述澳門造船業的歷史與工藝，讓訪客身臨其境地感受這段黃金時代。

址 路環荔枝碗馬路

時 週一至五 10:00~18:00、週六日及假期 10:00~19:30

費 免費

交 ① 逢週末及假期 12:00~20:00 設免費穿梭巴士來回澳門銀河綜合渡假城之鑽石大堂和荔枝碗船廠片區
② 巴士 25、26、50、N3 至路環市區站，或巴士 15、21A、26A 至路環居民大會堂站

片區也與本地中小企業和團體合作，舉辦各類文化活動，讓這個曾經荒廢的工業遺址，變成澳門的新文創聚點！

歷史展示館翻新後加入數字科技元素，讓造船歷史更生動立體。

展覽以外，這裏還設有可容納 80 人觀演的空間，適合舉辦各種藝文活動。

這個位於路環的船廠，建於上世紀 50 年代，曾經見證澳門造船業的高峰。然而隨着時代變遷，它在 90 年代停運後荒廢，成為攝影愛好者的廢墟取景勝地。歷經十年醞釀，荔枝碗船廠終於迎來活化計劃！目前已開放的活化區域約 3,000 平方米，變成結合歷史、文化、藝術與休閒的空間。

戶外露營區，可以一邊吹海風，一邊欣賞沿岸美景。

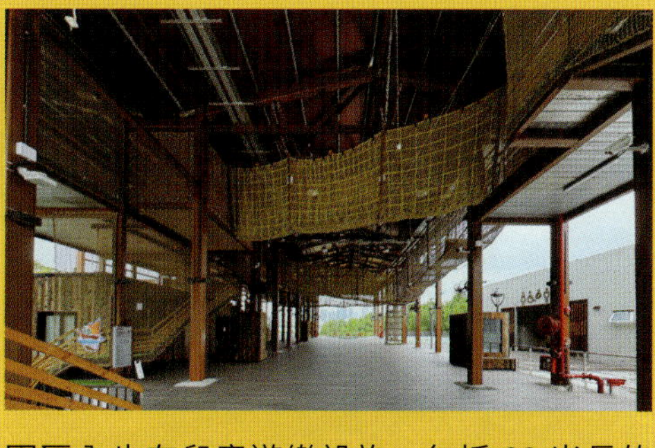

園區內也有兒童遊樂設施，包括 60 米長的空中繩網樂園、造船知識遊戲等。

來片區後可以順道到路環漢記品嚐聞名的碳燒手打 400 次咖啡——這款咖啡當年曾掀起韓國手打咖啡風潮。至於老闆一天能手打多少杯，我都很好奇。

怎麼去？注意安全！

荔枝碗船廠距離路環碼頭約步行 8 分鐘，需要翻越一個小山坡，路況較窄，車速較快，步行時務必注意安全。

如果不想爬坡，片區也提供來往澳門及氹仔的接駁車，雖然班次較少，但在這條狹窄的路段，車流過多反而會帶來更多問題，所以能乘上接駁車的話，還是比較方便。

泰興棧

址 澳門客商街 29 號 31 號地下
電 (853)2883 3778
時 07:00~21:00
休 週一
交 巴士 25、26、50、N3 至路環市區站，或巴士 15、21A、26A 至路環居民大會堂站

誰說新開的店才矚目？老店可是一樣精彩！有的老店翻新換裝，變得煥然一新；有的則交棒給年輕一代，味道卻忽上忽下；有人則第三代出馬，守住傳統之餘，加點新花樣。這本書就記錄了這些有趣故事，而其中泰興棧的經歷更是相當獨特 —— 一間店變成兩間店！

白烚鱸魚

這道西洋白烚鱸魚是晚市限定，現點現做，一般要等 45 分鐘。所以老饕們學聰明了，先打電話預訂，來到就能立即享用。

這道菜講求的是原汁原味。魚夠新鮮，毋須下重調味，亦不會下豉油，只以葡國橄欖油提鮮。配料簡單卻精妙，有馬鈴薯、椰菜、水橄欖、雞蛋，每樣各司其職，襯托出魚的鮮味。

泰興棧於 2024 年將中餐與西餐分家，中餐搬到了面向海邊，風景優美的十月初五馬路，這個故事我們日後再聊。而原址的泰興棧則請來經驗豐富的葡國廚師，不僅保留了深受歡迎的白烚鱸魚，還帶來了許多地道葡式風味，讓老饕們驚喜不已！

葡式煎牛扒

這是店長偷偷推薦給我的隱藏菜單，平時沒在餐牌上，知道的人才有得吃！一般牛扒多是用鐵板乾煎再淋上醬汁，但這道葡式牛扒是濕式的。

牛肉不講究名貴品種，不用 A5 和安格斯，葡萄牙人講究的是做法。必備煎蛋，不一定有，但十之八九會配上一隻。關鍵是蒜片，牛扒下鍋時，蒜香釋放，油脂包裹着牛肉，吃的時候，蒜油、牛扒汁和蛋汁三合為一，風味濃郁。

最內行的細節——酸瓜！這是土生葡菜的精髓之一，葡國人叫 Achar，美國人叫 Pickles。以前澳門街頭有小販推着一缸缸酸瓜賣，如今已絕跡。酸瓜的酸味剛好解膩，也豐富了牛扒的味道層次，還帶點懷舊味道，妙！

檸檬雞

客人都推薦的一道菜，雞皮炸得香酥脆口，內裏的雞肉又十分入味，再配上檸檬汁，酸甜適中，吃一口就停不下來。

廚師 Louis 說，只要有材料，有興趣，他都可以煮！這就是老澳門的精神，沒有太多規矩，跟廚師聊得投契，說不定就能吃到特別為你而做的私房菜。

關鍵的小秘密是鹹蝦葉！這是老土生葡菜的靈魂調味，店家本來不想讓客人發現，但還是被我夾到一片，這種東西沒甚麼好藏的！

雜扒

有豬扒、雞扒、香腸、番茄、青瓜、脆薯，一盤端上來，鐵板還在滋滋作響，香氣撲鼻，咬下去仍然熱乎乎的，最適合無肉不歡的朋友。

二樓秘密空間——隱藏版包廂

吃完飯，發現樓上還有乾坤！原來二樓保留了路環老建築的特色，牆上還能看到歷史痕跡。

最妙的是，外面還有陽台，可以預約成私人包廂，適合朋友聚會，邊吃邊聊，悠閒自在。

老店，不只是回憶，還有創新

很多人以為老店只是吃情懷，但泰興棧告訴你，老店，也能不斷創新。請來葡廚，保留經典，加入新元素，還有隱藏菜單等着食客去發掘！

下次來泰興棧，不妨問問店長「今天有甚麼隱藏版驚喜？」也許會有一盤特別的美味等待着你！

澳門海上遊

媽閣——路環航線

網 **「澳門海上遊」澳門美高梅航線：** https://www.mgm.mo/zh-hant/cotai/entertainment/macau-cruise
「澳門海上遊」金光飛航航線： https://hk.cotaiwaterjet.com/ferry-promotion/macau-cruise.html

交 **至路環碼頭：**巴士 25、26、50、N3 至路環市區站，或巴士 15、21A、26A 至路環居民大會堂站
至媽閣碼頭：巴士 1、2、5、5AX、6B、10、10A、11、16S、18、21A、26、28B、55、61、71S、MT4、N3 至媽閣廟站

經營「澳門海上遊」的兩大營運商

澳門美高梅：主打媽閣至路環航線，每日最少兩班來回，全程約 25 分鐘，還搭配 AR 導賞，讓歷史與現實交錯，為旅程增添趣味。

金光飛航：除了「澳門海上遊」觀光航線，還特設「煙花航線」，航程更長，約 60~70 分鐘，從澳門金沙出發，沿途飽覽港珠澳大橋、澳門科學館、觀音蓮花苑、澳門旅遊塔等著名景點，甚至能遠眺象徵中西文化交融的「融和門」，以及澳門與橫琴之間的十字門水域。

你知道 400 年前的澳門是怎樣的風景嗎？當葡萄牙人乘船抵達這片土地，映入眼簾的是怎樣的景致？我亦曾經好奇還沒有跨海大橋之前，我的父輩怎樣從澳門到路環遊玩？這些靈魂拷問，現在終於可以親身體驗了！

澳門與離島之間的海上航線，曾是人們來往的唯一方式。40 年前，還沒有跨海大橋，澳門、氹仔、路環三地全靠船隻接駁，當時的媽閣碼頭就像是迷你「海上總站」。然而，隨着大橋落成，這條歷史悠久的航線被時代淘汰，成為珍貴的回憶。

如今，這條塵封已久的航線再次啟航！由澳門旅遊局聯同海事及水務局和海上營運商推出「澳門海上遊」，讓大家能重新用海上視角欣賞澳門，重溫當年的航海風情。

媽閣碼頭

路環碼頭

路環必到之選

十月初五馬路

十月初五街位於澳門半島，是一條歷史悠久的街道，還因為電視劇《十月初五的月光》而名氣大增。而十月初五馬路，則是在路環市區沿海的主要道路，兩個地方相距足足 11 公里！

所以請大家務必確認地點，否則興沖沖打車去拍《十月初五的月光》取景地，結果一下車發現自己被載到澳門最南端，與對岸的橫琴長隆城堡對望，心情可能會有點複雜⋯⋯而且這趟誤會之旅的的士費也不便宜！

聽海

址 澳門十月初五馬路 206 號
時 11:00~20:00 **休** 週三
交 巴士 25、26、50、N3 至路環市區站，或巴士 15、21A、26A 至路環居民大會堂站

這家小店，不只是個賣雪糕、茶飲、咖啡和甜品的地方，它還是季節限定的快樂補給站！店家的宗旨很簡單 —— 每週推出新口味，讓每次來訪的客人，都能品嚐不一樣的驚喜。

朋友喜歡這裏是因為甜品高顏值又超適合打卡，而我則是為了尋求一絲夏日救贖。每次走過那毫無遮蔽的十月初五馬路，被烈日炙烤得快要融化時，這家店就像是海邊的甜點綠洲，為我和朋友帶來一絲清涼。更何況，它還是路環市區沿海唯一的雪糕店，無論視覺還是味覺，都能瞬間撫慰因酷熱而暴躁的心。

如果你是個熱愛文創、手作、設計小物的人，那麼小日子文創店絕對值得一探！這家店來頭不小，是由台灣知名文化生活雜誌品牌「小日子」延伸出來的文創商店，進駐澳門後，首店選在充滿小鎮風情的路環村，立刻成為文青的打卡勝地。

小日子路環店

址 路環中街 50 號 A 地下
時 10:30~18:30　**休** 週一
交 巴士 25、26、50、N3 至路環市區站，或巴士 15、21A、26A 至路環居民大會堂站

這裏不只是普通的紀念品店，而是滿載創意的文藝空間。店內擺滿各種手工藝品、特色明信片、插畫、紀念品等，許多是由本地藝術家與設計師精心製作，充滿濃厚的澳門文化特色。

小貼士

如何找到小日子？

對熟路的本地人來說，可以抄村中的小路左穿右插地找到捷徑，但對外地人，我有一個比較簡單的認路方法。小日子的地址其實是「路環街坊四廟慈善會康樂中心」的原址，只要沿着十月初五馬路往譚公廟方向走，當看到鏡海教育中心那幅超吸睛的壁畫時，就代表小日子路環店近在眼前啦！

想像一下，當傳統的加蛋餅遇上曲奇，會變成甚麼模樣？這不是穿越劇，而是澳門老字號家族的一場「復刻創新」！

這家餅店以香酥可口的加蛋餅（又稱「全蛋光酥餅」）聞名。幾十年後，後人大膽地將之融合新元素——用中式酥餅的工藝打造曲奇般的外形。這款點心保留了加蛋餅的靈魂，以雞蛋、牛油、砂糖、麵粉為基礎，但製作過程更考究，讓它比傳統曲奇更酥脆，又比加蛋餅多了層次感。更有趣的是，還加入了創新口味，如薑汁、咖喱、朱古力等。

澳葡金奇

址 路環客商街 9 號地下
時 11:00~19:00
交 巴士 25、26、50、N3 至路環市區站，或巴士 15、21A、26A 至路環居民大會堂站

如果你愛嚐鮮，不妨來一塊試試，說不定會愛上這種「比曲奇更脆、比加蛋餅更有層次」的獨特口感！

鏡海教育中心

址 路環船鋪街 179 號榮嘉閣地下 A 座
交 巴士 25、26、50、N3 至路環市區站，或巴士 15、21A、26A 至路環居民大會堂站

中心定期舉辦展覽及工作坊。

最近路過船鋪前地，是否被一座色彩繽紛、充滿藝術氣息的建築物吸引了目光？這棟顯眼的建築不僅外觀搶眼，牆上的壁畫更是美得讓人忍不住駐足拍照！其實這是鏡海教育中心，由澳門美術協會與澳門年青美術協會共同打造的藝術教育基地。

亮麗的外觀會否令你忍不住想敲門進去，體驗一下它的藝術氛圍，甚至有拜師學藝的衝動呢？無論如何，這個新興的藝術基地，絕對是澳門值得關注的亮點！

路環輝記美食茶座

址 澳門打纜街 33-37 號
時 07:00~18:00
交 巴士 25、26、50、N3 至路環市區站，或巴士 15、21A、26A 至路環居民大會堂站

坊間有句玩笑：「懂得帶你吃路環輝記的，都是自己人！」因為懂得來這家隱藏在澳門最南端的茶座，通常都是本地人或識途老饕。雖然近年也有不少遊客來探店，但他們未必知道精髓就是這裏的雞飯！

輝記的雞飯除了飯有飯香，也真的特別有雞味。說起來有點像廢話，但真的是一吃便知道與別不同。注意雞飯早茶時間 MOP$29，午市時間 MOP$33，分量略有不同。

這裏每碟點心、每碗雞飯端上來都是熱氣騰騰。

我最愛的不只是雞飯，還有這裏的茶水。一杯看起來很普通的茶，喝起來意外地散發着淡淡棗香，令用餐體驗瞬間升級不少，店家卻說只是隨意調配的茶底而已。另外可以加 MOP$2 點指定的茶喝。

小貼士

不同時段，這裏的氛圍也大不相同：附近的工程大佬七點就來吃雞飯；八九點就是大老闆，嘆完茶外面就有七人車接回公司上班；八九點之後便是要排隊等位的各路客人，之後就忙忙碌碌一整天。所以雖然同是一碗雞飯，但在不同時間來吃，感受到的是完全不同的人文風情。

MAP

❶ 天沐琴台 ❷ 橫琴文化藝術中心 ❸ 續咖啡 ❹ 勵駿龐都廣場 ❺ 橫琴華發商都
❻ 橫琴創新方 ❼ CHR · 沐 ❽ 橫琴石博園 ❾ 花海長廊
❿ 橫琴星樂度露營小鎮 · 星奇塔無動力世界 ⓫ 長隆宇宙飛船 ⓬ 橫琴紅旗村 ⓭ 頹記茶餐廳

橫琴

近年，橫琴的發展可以說是按下了快速鍵，和澳門的連結也越來越緊密。不論是平日通勤、假日休閒，還是單純想換個地方喝杯咖啡、吃頓飯，來趟橫琴都變得輕鬆寫意。

自從輕軌橫琴站啟用、澳車北上隨車人員通道開通，加上琴澳封關這一連串政策和基建落地，出入橫琴的流程變得更便捷、更順暢，說白了就是 —— 以前可能還會猶豫要不要去橫琴，現在已經成為「週末不知道去哪，就去橫琴走走」的日常選項。

而橫琴本地的旅遊資源也沒閒着，像是長隆宇宙飛船、橫琴華發商都、橫琴文化藝術中心、天沐琴台等景點、商圈一一登場，不斷吸引人流，吃喝玩樂樣樣齊全。橫琴不再只是政策上的焦點，更慢慢成為澳門人、大灣區居民的後花園。

橫琴 X 澳門 玩樂無縫接軌

如何去橫琴？這是大家最關心的問題！現在有 6 種方便又快捷的方式，無論想省錢，想舒適，還是要直達目的地，總有一種適合你。

1 澳門巴士 最實惠

想省錢又輕鬆？搭澳門巴士就對了！目前有 6 條巴士路線直達橫琴口岸，包括：25B、25BS、50、102X、701X（日間運行），N6（夜間班次，直達澳門大學、科技大學及大型酒店）

費 MOP$6

2 免費酒店接駁車 舒適直達酒店

如果計劃在橫琴或澳門的酒店吃飯、購物、玩樂，那麼免費的酒店接駁巴士就是最佳選擇。提供接駁車的酒店包括：威尼斯人、銀河、新濠天地、美獅美高梅、永利皇宮、上葡京、葡京人等。

費 免費

3 珠海免費穿梭巴士 直達熱門景點

從珠海拱北口岸入境後，設有免費穿梭巴士前往橫琴熱門景點，包括長隆海洋王國（超人氣親子樂園）、創新方（吃喝玩樂一應俱全）。

註 部分接駁車需要提前預約，記得先查清楚時間啊！

4 澳門輕軌 直通橫琴，方便快捷！

2024 年起，澳門輕軌已直達橫琴口岸，方便又快速，不用再轉駁巴士。詳細資訊可查看本書路氹區橫琴站介紹。

5「通琴號」跨境通勤專線 免費專車直達目的地

如果是經常往返橫琴和澳門的通勤族，那麼「通琴號」是最好的選擇。這條跨境通勤專線目前已開通 16 條專線，而且符合資格的市民可申請政府補貼，免費搭乘。

適合對象：澳門高校師生、澳門或橫琴居民，或在兩地工作的人士，通過審核即可獲得免費跨境通勤券。

如何搭乘？

1 先透過手機「通琴號」小程序預約乘車碼。

2 在指定站點上車，前往橫琴口岸。

3 過關後，在橫琴繼續搭乘同一輛專車前往目的地。

6 琴澳民生專線 週末及特定節日限定

專為琴澳居民而設的跨境巴士，適合想在週末或節假日過橫琴遊玩的朋友。

時 週末、琴澳公眾假期及橫琴大型活動期間，發車時間（澳門往橫琴）10:00、11:00、14:00、15:00，（橫琴往澳門）13:00、14:00、18:00、19:00

澳門出發點：青洲坊（澳門街坊總會）、新葡京酒店、氹仔中央公園

橫琴目的地：勵駿龐都廣場、K2 荔枝灣、長隆海洋王國、創新方等

通琴號

橫琴 X 香港 —— 交通可直達

除了經澳門轉往橫琴，香港居民亦可直接由香港前往橫琴，交通便利快捷。可乘搭城巴機場快線巴士前往港珠澳大橋香港口岸，完成出入境手續後轉乘港珠澳大橋穿梭巴士（俗稱「澳門金巴」），前往珠海橫琴口岸，車程為 30 至 40 分鐘，成人單程票價為港幣 $65。抵達橫琴口岸後，可轉乘的士前往各大景點，如橫琴長隆、橫琴華發商都、天沐河公園及創新方等。整體交通接駁流暢，是前往橫琴的便捷選擇。

天沐琴台

址 珠海市香洲區香江路北側
交 建議乘的士前往

「琴澳和鳴」深合區建設主題展坐落於天沐琴台一樓，免費向公眾開放。展覽面積 2,200 多平方米，涵蓋 625 個展項，透過圖文影像、數據圖表、實物展品及多媒體技術，全方位展示橫琴 15 年來的開發歷程，特別是深合區成立三年來的發展成果。

如果說橫琴是一顆璀璨新星，那麼天沐琴台就是它最閃耀的心臟。這座地標性建築坐落於橫琴的天沐河中央，以琵琶和古琴為靈感，外觀宛如橫放在水上的樂器，白天與水波共舞，夜晚在燈光點綴下更顯夢幻。

展覽分為四大主題，包括「同根同源血脈連」了解橫琴與澳門的淵源、「感恩奮進淬初心」講述深合區的發展初心與使命、「琴澳和鳴譜新篇」透視琴澳合作的現狀與成果，及「一體發展創未來」展望橫琴的未來發展藍圖。

天沐琴台的來頭可不小，耗資 48 億元打造，總建築面積 24 萬平方米，擁有 16 層地上建築與 2 層地下空間。不僅有總部辦公、會議展覽、精品酒店，還有充滿未來感的體驗式商業空間，讓這座建築不只美，還很實用！

小貼士

免費展覽，如何參觀？

這個展覽是免費開放的，但需要提前一天預約，並且目前只在週六、週日對公眾開放。想參觀的話可透過「橫琴規劃展覽館」小程序預約。

橫琴文化藝術中心

址 橫琴新區琴朗路與琴政路交叉口東南角
交 建議乘的士前往

不過，目前橫琴文化藝術中心僅開放了部分展覽和演出活動，包括三星堆主題展覽和開心麻花的演出。如果想前往參觀，建議先關注「橫琴民生」微信公眾號，了解最新活動資訊並提前預約，以免撲空！

天沐琴台的旁邊，近年多了一座造型獨特、極具藝術感的地標——橫琴文化藝術中心！

這座由國際知名青年建築師徐昀超精心設計的文化藝術中心，不僅擁有優美流暢的曲線，還依山傍水，坐落在小橫琴山與天沐河之間。在這裏，不僅能感受藝術的魅力，還能沉浸於自然的寧靜與詩意中。

橫琴文化藝術中心不只是好看，它還是琴澳地區最重要的文化藝術綜合體，匯聚了三大核心區域：

圖書閱覽中心——提供靜謐的閱讀空間，讓心靈沉澱片刻。
文化演藝中心——未來將舉辦各類演出，從話劇、音樂會到舞蹈表演，應有盡有。
多功能展覽中心——定期展出各類藝術作品，帶來豐富的文化體驗。

除此之外，還設有美術館、檔案館、屋頂花園等空間，無論是來欣賞藝術、參與文化活動，還是單純打卡拍美照，都值得花上一整天慢慢探索。

未來亮點

這裏還將打造「雲端」婚禮場地，讓屋頂花園成為夢幻婚禮的絕美背景。想像一下，在藝術與自然的環抱中舉行婚禮，將會是一場別具一格的浪漫盛會！

如果經過天沐琴台或橫琴文化藝術中心，推薦你順道留意下這家特別的咖啡店：外觀是頗有設計感的新中式簡約建築，但推門進去竟然擺滿四川老茶館那種竹椅子，新舊碰撞之間，倒也別有風味。

續咖啡
華發悅天地店

址 橫琴新區濠江路 968 號華發悅天地 b 區 109 號商舖
時 09:00~19:00
交 建議乘的士前往

最近咖啡界流行一種名為 COMBO 1+1 的新喝法，同一種豆做出兩種口味，一杯黑咖啡品嚐豆子本身原味，一杯奶啡體會奶香混合之後的效果，十分新穎。

這家店在橫琴頗受本地居民歡迎，平時總見熟客來來往往。店名叫做「續咖啡」，不免讓人好奇，究竟是甚麼的延續？老實說，我也答不上來。但我知道續咖啡已經在華發商都延伸出另一家分店「真咖啡」，到底又會是怎樣的一個故事？請參考真咖啡的章節（p.249）。

更有趣的是，這家店並非靠裝潢取巧，而是認真在沖煮精品咖啡，每款咖啡上桌時，還會附一張介紹卡片，告訴你這杯咖啡的來歷。例如雲南桂花 SOE、埃塞甜櫻桃 SOE、哥倫比亞大肚腩等等，名稱新奇又有趣。

勵駿 龐都廣場

址 珠海市橫琴粵澳深度合作區琴政路 38 號
交 從橫琴口岸經地下通道步行，或乘的士定位勵駿龐都廣場

來到橫琴口岸，第一眼看到的，必然是那座氣勢磅礡的建築群 —— 勵駿龐都廣場。從關口步行可達，不需要任何交通工具，讓我不禁懷疑，這是不是為了迎接澳門人而特意設計的？

當初看見照片的時候，我和許多人一樣都會問：「這是山寨版威尼斯人嗎？」但稍作研究才發現，這棟建築可是出自澳門知名建築師馬若龍之手，風格並非威尼斯，而是**葡萄牙曼努埃爾建築**。這種建築風格誕生於葡萄牙大航海時代，融合哥德式的華麗與異國文化的浪漫，是葡萄牙國王曼努埃爾一世時期最具代表性的風格。

仔細一看，這裏和威尼斯人完全不同。威尼斯人是仿意大利，而勵駿龐都則是正宗葡式風格，最明顯的特徵是浮雕上的繩索圖騰，象徵着當年葡萄牙的航海精神。這些裝飾不僅讓建築更有層次，也讓人一眼看出它的故事。

馬若龍建築師曾與我聊過他的設計，他在建築中偷偷加入很多「中式密碼」，等着有心人來發掘。我仔細看看，果然發現窗框上藏着代表幸福的蝙蝠、象徵澳門的蓮花、銅錢與牡丹花細膩地鑲嵌其中，寓意富貴與繁榮。這不只是中西合璧，而是真正的文化交融。

馬若龍是一位有趣的藝術家，也是我相當敬仰的建築師。他在 1987 年獲得文化功績勳章，多年來參與澳門各大文化項目，這座勵駿龐都，是他的又一經典之作。

設計是無可挑剔，可惜生不逢時。勵駿龐都開幕時正值疫情，商場幾乎空無一人。2024 年初，一半以上的商舖仍然空置，後來隨着琴澳合作舉辦藝墟、市集，才慢慢吸引人潮。

雖然如此，但商場內的餐飲業卻生意興旺。畢竟商場就在關口旁，許多旅客、上班族、學生都會在這裏用餐。

人氣手沖咖啡店「旺福咖啡」

在地面層，人流不斷，手沖咖啡香氣撲鼻，澳門人來到這裏，總會忍不住點一杯。

除了商場內食肆，廣場周圍的餐廳與咖啡館更能吸引客人。這裏的氛圍像極了葡萄牙的廣場，戶外座位一排排，暖陽下來杯咖啡，完全像置身歐洲（只是被店前的中文餐牌出賣）。

地庫層的連鎖食店

雖然裝潢沒有地面層的餐廳華麗，但食物選擇豐富，價錢也比樓上的西餐廳親民。

這裏還吸引了澳門知名婚攝品牌進駐。畢竟建築本身就像宮殿，在這裏拍婚紗照，想不唯美都難。攝影、禮服、化妝一條龍服務，簡直是「近水樓台先得月」。

等待勵駿龐都的下一頁

雖然勵駿龐都發展未達預期，但它是一座有故事的建築，設計充滿文化深度。目前仍在尋找正確定位，相信隨着琴澳融合加速，未來如何，仍值得期待。

2024 年 12 月

OPEN

橫琴華發商都

址 珠海市香洲區橫琴新區琴海東路 981 號

交 建議乘的士前往

2025 年橫琴最矚目的休閒娛樂熱點，非橫琴華發商都莫屬。作為全新打造的商業綜合體，橫琴華發商都與珠海其他華發商都的最大不同，在於**引入眾多澳門老字號品牌及新興特色品牌**，成為橫琴合作區內澳資比例最高、首店數量最多的商場，令顧客感受到耳目一新的體驗，避免一成不變的連鎖店布局。

商都共引進 71 家橫琴首店、30 家珠海首店、18 家廣東首店，以及 8 家首次進駐內地的澳門品牌與 14 個全新特色品牌。業態涵蓋餐飲、超市、戲院、健身室等，更包含騎行、露營、寵物、家居等跨界生活方式店舖，如可邊看電影邊吃火鍋的「中影燈塔影城」、珠海人氣餐廳「咬金」及「鄰姐珠海生蠔雞火鍋」、來自澳門的「青洲林記」及「公雞葡國菜」等。此外，亦引進騎行品牌「BIKE ＋ WORK 佰客屋」廣東首店、露營生活體驗店「飛浪」、寵物綜合體驗館「揮爪」等，非常多元化。

橫琴華發商都地理位置優越，距離橫琴口岸僅約 10 分鐘車程。與澳門南區隔海相望，可於三樓露台欣賞澳門景致，這裏亦是觀賞澳門煙花的秘境。

青州林記大排檔

談及青州林記，不少澳門朋友在橫琴看到新店時不禁疑惑：「這真的是澳門老字號嗎？怎麼沒聽過？」其實亦不難理解，這間餐廳早年在澳門曾有一段黃金時期，但中途停業多年，加上轉營其他品牌，令新一代對其印象模糊。

橫琴華發商都的青州林記。

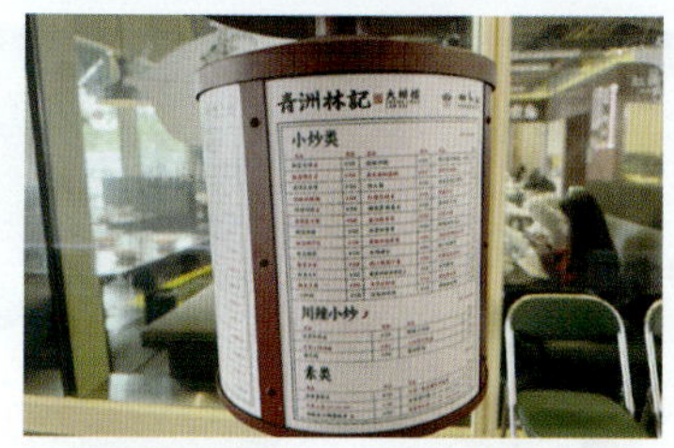

門外設有模仿澳門巴士站的裝飾，遠看宛如真實的站牌，走近一看原來是菜單，趣味十足。

青州林記原址位於澳門青洲，以鐵皮屋搭建而成，屬典型街坊大牌檔，**主打澳門風味的骨煲與羊腩煲**，當年吸引不少老饕慕名來體驗那種「坐在鐵皮屋裏吃火鍋」的地道風情。隨着青洲區收地重建，餐廳被迫結業，其後於營地大街轉營為其他品牌。直到近年，第三代接手重拾家族品牌，於百老匯大街重新開設青州林記，但由於中間歷經十多年的沉寂，不少年輕的澳門人對它感到陌生。

澳門百老匯大街的青州林記。

百老匯大街的青州林記牆上貼有原址的照片。

橫琴店目前仍處於試業階段，出品未完全穩定，有待進一步觀察。不過從外觀裝潢已營造出一種懷舊又親切的大牌檔氛圍，讓人彷彿穿越回到昔日澳門街頭。儘管味道尚待驗證，但這份對舊時情懷的重視，已十分難得。

公雞橫琴店

老友問：「橫琴那家公雞葡國菜，是不是山寨版？」我出於好奇心便去橫琴店吃了一頓，發現這「山寨」原來是貨真價實的澳門「公雞葡國菜」橫琴分店。不過說到底，分店和老店又豈會一模一樣？橫琴店沒有葡籍大廚坐鎮，但掌勺的也是在澳門餐飲集團歷練多年的老手。菜式較為簡單，但經典款式一道也不少。

「橫琴公雞」毫不山寨，倒更像是入鄉隨俗的微妙調整，用味蕾體驗地區之別，十分有趣。

葡國雞（RMB$68）

看到葡國雞的賣相便感到安心。雞肉、葡腸、椰絲、雞蛋、洋葱、青椒、水欖，配合以黃薑粉調製的靈魂葡汁，入味濃郁。這道菜基本功紮實，老食客一試便知是師承正宗。

招牌海鮮煲（RMB$168）

招牌海鮮煲有蝦、蜆、青口、魷魚、葡腸，加上用番茄、蒜茸、鹹蝦葉等熬成的湯底，鮮香惹味。廚師透露，澳門的葡國人愛吃方便的蝦仁，但橫琴食客喜歡連殼帶頭的蝦，嫌蝦仁缺斤少兩，少了滋味，故此特意留下蝦頭蝦殼，看似微妙，卻真是因地制宜。

葡式燒沙甸魚（RMB$56）

葡式燒沙甸魚就略為失色。沙甸魚本是葡國菜中極平常不過的菜式，在澳門超市買魚回家烤也不容易失手。但這裏的魚，魚肉鬆散，欠缺甘香，還以為不新鮮。大廚道明原委，澳門受惠於國際化港口和葡國貿易，魚貨不同，橫琴店要用其他類似魚種替代，所以便少了一點熟悉的滋味。

碳燒牛仔骨（RMB$138）

碳燒牛仔骨卻帶來驚喜，甚至勝過澳門本店。因為橫琴店可以放心用碳火燒烤，不像澳門容易被鄰居投訴，所以燒出來特別焦香。廚師又透露，原來橫琴的牛仔骨比澳門的薄了一毫米，平衡兩地成本差異之餘，更容易切食，入口更軟嫩，吃下去才明白箇中道理。

雖然澳門沒有 Santos Burger，但這其實是由澳門人創立於珠海的品牌，"Santos" 這個名字在澳門葡語社群中也相當常見，因此也有點親切感。橫琴店是分店之一，初看之下會讓人聯想到另一家人氣漢堡店 Dino Burger，同樣有閃亮挺身的麵包，上面還燙了店家名字，造型美觀。

招牌山度士蒜香蒔蘿和牛芝士牛堡（RMB$57）

我這次試的是他們的招牌山度士蒜香蒔蘿和牛芝士牛堡，裏面用上蒜香和牛漢堡扒，加上炙燒火腿、芝士、酸瓜和蒔蘿等配料，整體味道層次豐富，咬下去肉汁與香氣交織，滿足感十足。

不過仔細比較，其實兩者在細節上各有千秋。雖然麵包造型相似，但 Santos Burger 的麵包偏向乾身，餡料的搭配則多了幾分創意和個性。像他們有一款相當吸睛的網紅漢堡 —— 新西蘭牛肋條牛堡（RMB$208），整條巨型牛肋條橫躺在麵包之間，賣相非常震撼，像是一件等待「開箱」的藝術品。

THEO NO.8

這間小店最大的特色，在於幾乎所有餐點皆以麵粉為基礎，並以手工製作而成 —— 從壓製意大利粉，到自家製作的薄餅餅底，皆出自人手，工序講究。惟若於早餐時段到訪，因烤爐尚未預熱完成，薄餅暫未供應，僅提供麵包及意大利粉。不過，以手工製作的標準而言，其價格相當親民，性價比頗高。

瑪格麗特披薩（RMB$38）

材料簡約，以番茄、芝士與羅勒三種意式經典元素組成。餅底煙韌，帶有淡淡麥香，芝士恰好溶化，整體口感輕盈，不覺膩滯，無論作為輕食或下午茶皆相當合適。

煙三文魚芝士恰巴塔（RMB$48）

來自意大利的拖鞋麵包（Ciabatta），外層酥脆，內裏鬆軟，夾入煙三文魚與芝士，再配上清爽蔬菜，口感層次豐富，分量適中，作為早餐既滿足又不覺厚重。

意式肉丸意大利麵（RMB$48）

這道意大利粉價格平實卻誠意十足。不僅使用每日手工製麵，更附上分量十足的肉丸，並加入藏紅花點綴。整體味道清爽不膩，麵條彈牙，品質上乘，帶來意外驚喜。

建議不妨稍晚前往，屆時烤爐預熱完成，便可嚐到他們自家製作的薄餅美味。

鄰姐珠海生蠔雞火鍋

想在橫琴大啖肥美生蠔，其實不必走進海鮮街「搏一搏」，忍受吆喝聲、猜斤兩、擔心價錢開得比龍蝦還兇。若對海鮮街的煙火氣沒有特別喜好，不如選個舒服又安心的地方，來試試鄰姐珠海生蠔雞火鍋。

蠔的吃法有兩種，其中一種是蒜蓉烤，香氣撲鼻，感受海水味與蒜香的雙重攻勢。

這裏隻隻生蠔 12 厘米起跳，雪白飽滿，是肉眼可見的誠意。不用砍價、不用猜市價，明碼實價，還可以在大眾點評享折扣，是安心之選。

蠔的品種叫「現撬乳山生蠔」，來自山東乳山，不在橫琴。這地方以出產大隻蠔聞名，肥厚爽滑，鮮味十足，吃過就知。

另一種是火鍋涮，更是推薦，有兩款湯底可選：花膠雞湯濃郁厚實，椰子雞湯清甜清爽，配蠔涮一涮，口感滑到心坎裏。

花膠雞湯濃郁厚實。

椰子雞湯清甜清爽。

這裏的雞同樣值得一提，是那種真正跑過山頭、曬過太陽的田園走地雞。雞上桌時還分工有序：雞卵、雞皮、雞肉放前頭，內臟、雞腳、雞翼緊接其後，最後的雞骨直接熬湯。雞肉下鍋涮一涮，脆口彈牙，雞味濃郁，有種「雞版脆肉鯇」的驚喜感。

如果你跟我一樣是甜品收尾派，那這裏的烤榴槤不容錯過。平時榴槤多是冷吃，像雪糕一樣軟綿；但烤過後外皮微焦，裏面像流心奶皇包一樣爆漿，濃郁香滑，一咬下去，真是「聞得開胃，咬得銷魂」。唯一提醒就是等得久，要早點下單。

咬金煲仔皇啫啫煲・煲仔飯

咬金煲仔皇是珠海人氣相當高的連鎖店，主打啫啫煲與煲仔飯。店內經常人頭湧湧，上菜時「滋滋」聲響加上香氣四溢，特別受年輕一族喜愛，難怪成為不少網紅推薦的打卡熱點。

招牌生蠔啫啫煲（RMB$98）

招牌檸檬葉啫牛胸油（RMB$58）

不過對於講究飲食平衡、口味較清淡的年長食客來說，這裏可能未必合口味了。啫啫煲雖香氣逼人，但油分相對也重，而餐廳又主打「所有食材都用煲仔來煮」，連青菜都會帶點油膩。想解膩只好多喝水，或點一瓶珠海本地的原漿啤酒，倒也挺過癮。

拆骨黃鱔煲仔飯（RMB$48）

至於煲仔飯，有些食客反映煲仔飯上桌時飯底的水還未收乾，火候掌控不足，對於少接觸煲仔飯的年輕人來說，可能沒太大感覺；但對於曾嚐過老派煲仔飯、講究米飯焦香與乾身口感的老饕而言，就會覺得這裏的出品仍有進步空間。

海珠全麥原漿啤酒（珠海特別版 RMB$15）

悠花悠廚與不籟咖啡

在橫琴華發商都，竟藏着兩間種滿鮮花的餐廳，相距不過一條街，風格卻南轅北轍，一間溫柔內斂，一間熱情如火，各有迷人之處。

悠花悠廚

悠花悠廚室內設計走淡雅北歐風，配色簡潔舒服。菜式相對清新健康，有新鮮水果茶、沙律、簡約風味拼盤配青瓜番茄，適合跟朋友輕聲細語地聊一個下午，或自己一人放空寫字、看書。整體感覺溫柔淡然，像是生活中那段美好卻不張揚的回憶。

不籟咖啡

不籟咖啡風格大膽繽紛，食物風味偏向台式簡餐，有鹽酥雞、特調奶茶、同樣的拼盤卻多了酸甜醬汁，適合熱鬧聚會、開心打卡，輕鬆中帶着一點俏皮。

拼盤

旺福咖啡

店外招牌那隻懶洋洋翻着肚皮的貓咪標誌，便是他們的吉祥物「旺福」，看着都覺得可愛又放鬆。

如果來到橫琴，錯過了勵駿龐都的旺福咖啡，也別太遺憾，現在可以在華發商都與它重遇。這家小店不算大，但勝在環境簡約優雅，坐起來特別舒服。

懂咖啡的人，推薦來一杯深烘拼配美式，品嚐一下他們的真功夫；若只是個路過的遊客，不妨點一杯充滿特色的薑薑拿鐵，既可療癒心靈，又能暖胃驅寒。

這裏招待客人的飲用水也很特別，不是一般的清水，也不是常見的淡檸檬水，而是透着淡淡石榴香氣的水，喝一口就讓人記住這個小巧思。

真咖啡

你聽過「早C晚A」嗎？本來這是護膚圈裏的術語，意思是早上用維他命C產品，晚上用維他命A產品的保養妙法。但網絡時代嘛，甚麼都要玩一玩，結果給調侃成現代人生活常態：早上靠「C」offee提神，晚上靠「A」lcohol助眠，倒也貼切得很！

如果是懂得喝咖啡，推薦點那種Combo一豆兩喝，一杯黑咖啡喝出豆子真味，一杯奶啡品出奶香餘韻。像我這種隨緣的人，來杯菠蘿美式或生椰拿鐵就已足夠，喝一口沁人心脾，稍坐片刻，又可繼續在華發商都逛街。

橫琴華發商都有家叫「真咖啡」的小店，便十分懂得這種生活節奏。白天是間地道的精品咖啡店，晚上搖身一變，成為英倫風格的小酒吧，黑胡桃木與原木相間，氣氛低調沉穩，與在華發悅天地的1號店「續咖啡」那種新中式配四川老茶館竹椅子的風格截然不同。

橫琴創新方

址 珠海市香洲區藝文一道獅門娛樂天地
交 建議乘的士或自駕

橫琴的創新方，可說是個擁有「黃金配置」的大型娛樂項目，由香港麗新集團打造，總建築面積達 146 萬平方米，涵蓋了旅遊、文化、藝術、教育、娛樂等多個範疇，包括國際級酒店橫琴凱悅、全球首間獅門影業電影主題樂園、親子向的橫琴國家地理探險家中心，還有太空研學基地、定期優惠活動、商場宣傳……照理應該是人氣旺場，但現實卻稍為有些生不逢時。

過去幾年人流受限，氣氛自然冷清，連帶餐飲店都開得小心翼翼，娛樂區域平日只開一半。不過這地方骨子裏似乎有股「港式精神」——跌倒都要站起來，撲一撲塵繼續行。近年積極引入企業進駐，商場多了上班族，也讓餐廳和咖啡店重新熱鬧起來，氣氛漸有起色。

若說整個創新方目前最穩定的娛樂設施，非橫琴國家地理探險家中心莫屬。這是經國家地理授權，由 iP2 Entertainment 設計的大型互動體驗館，佔地 4,500 平方米，約設有 15 個主題體驗區，包括模擬潛入深海、漫遊宇宙，還有結合 VR、AR、即時感應器的高科技場景，小朋友玩得開心，大人看得過癮，寓教於樂，一舉兩得。

獅門天地內每個遊戲都是來自獅門影業電影的某個場景。

模擬乘坐南極破冰船潛入深海，十分刺激。

結合 VR、AR、即時感應器，以上帝視角，親手填海造山。

與森林內各種動物跳舞。

創新方內設有各種遊樂設施，小朋友最愛。

360 度戲院可觀看國家地理的探險內容。

橫琴凱悅。

人生有三大樂事：美食、美景、美人。來到天沐河賽艇公園，美景已是現成，若能再添美食，可謂相得益彰。於是，許多人慕名而來，只為一嚐這間傳聞中橫琴最受歡迎的西餐廳——Chill House Reserve（CHR・沐）。

址 珠海市香洲區香江路橫琴賽艇公園內（南門停車場北 100 米）
時 11:30~21:00
電 (0756) 6188 022
交 建議乘的士前往

黑松露薄餅

看看廚房，揉麵、發酵、拉伸，每個步驟一絲不苟。設自家專屬烤爐，火候掌握恰到好處，外皮香脆，內裏煙韌，淡淡的麥香撲鼻，入口鬆軟又帶嚼勁，可見麵粉的選材下過功夫。黑松露的香氣在熱力逼近之下緩緩釋放，餘韻悠長。

沙律

看似普通的一盤沙律，實則暗藏玄機。菜葉爽脆，味道鮮甜，若非選用極新鮮的食材，怎能有此表現？懂得吃的人，咬上一口便知品質。

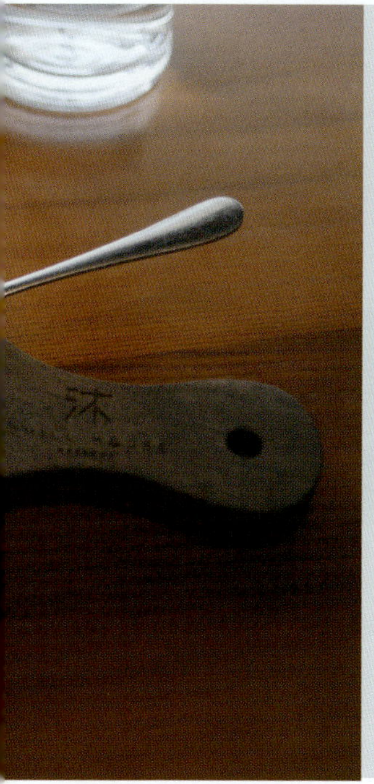

沒錯，傳聞這家餐廳的廚師來自澳門米芝蓮獲星餐廳，究竟是真是假？此次特地與店內員工聊上幾句，終於證實，這裏的主廚確實是從澳門某間米芝蓮三星餐廳出來的。哪一家？澳門三星餐廳不多，行內人心中自有答案。

米芝蓮三星的標準，向來不只在技藝，還講求全球搜羅頂級食材，成本極高，動輒數千元一頓。來到 Chill House Reserve，價錢卻僅為十分之一，由同級廚師掌勺，雖然不可能與米芝蓮餐廳比較，若只論味道，已經極具誠意。

美食、美景皆有，但代價是——等。餐廳座無虛席，每道菜即點即做，等上一段時間，實屬正常。當日等了三十分鐘才開餐，若趕時間，請另尋他處；若懂得享受，點一杯好酒，慢慢等，細細品。美食之道，不急不躁。

橫琴石博園是一個融合奇石文化、園林景觀與休閒娛樂的特色主題公園。園內匯聚各種珍稀奇石，並巧妙結合山林自然環境，營造出獨特的自然與人文氛圍，讓遊客在欣賞石藝的同時，也能沉浸於綠意盎然的悠閒時光，享受一場文化與自然交織的探索之旅。

橫琴石博園

址 珠海市香洲區環島北路 1005 號
費 全票 RMB$60 / 人、
優惠票 RMB$40 / 人
交 距離橫琴口岸不遠，車程約 10 分鐘

打卡風景與奇石

橫琴石博園的園林景觀充滿自然野趣，有點像迷你版熱帶雨林，搭配奇山怪石，彷彿置身遠古大地。這裏還有一條鋪滿木樁的原野小路，既能避免鞋子踩滿泥濘，又增添一份冒險感。

此外還可以在湖邊悠閒垂釣，或與朋友漫步園區，尋找最佳取景角度，拍下充滿自然氣息的美照。如果你是攝影愛好者，這裏一定會成為你的靈感寶庫！

不過別以為這只是個單純的石頭展覽區，近年石博園搖身一變，成為一個適合戶外探險、團建、露營甚至是馬術運動的綜合樂園，滿足不同旅客的需求。

這裏有甚麼玩意？

野營＋團隊建設

如果喜歡戶外活動，野營區是個絕佳選擇！你可以參加組團露營活動，一邊享受戶外生活，一邊結交新朋友。不過，目前露營活動需要事先在網上報名，所以出發前記得留意相關資訊啊！

石博園還有一個專門的團建基地，適合企業、團體來進行拓展活動。不管是團隊挑戰賽，還是戶外培訓，這裏都有充足的場地和設施。

馬術體驗

場內的馬術訓練基地是由菲爾馬術俱樂部經營，據說是珠海最大的馬術訓練場之一。就連澳門一些學校也與這裏合作，讓學生來上馬術課。如果對馬術感興趣，這裏會是絕佳的入門體驗點。

獨木舟探險

這裏的獨木舟活動適合各年齡層，小朋友也可以獨自體驗，或者由家長陪同。園區會提供救生衣，也有基本的安全指導，不過現場並沒有專業救生員駐守，所以還是建議懂游泳的人參加。

如果要選橫琴最夢幻景點，那非花海長廊莫屬！這條 13.6 公里長的綠化休閒長廊，沿着馬騮洲水道展開，讓遊人邊走邊欣賞水岸風光。這裏不僅是本地人野營、賞花、看日落的熱門去處，還分為三大景區、五個驛站，每個地方各有特色。

花海長廊

址 珠海市香洲區琴海北路與富邦路交叉路口西 300 米

不用擔心這條長廊太長走不完，沿途有 5 個驛站，設有無人駕駛公車，每天 20 個班次往返各個驛站，可輕鬆遊覽每個區域。不過網約車或共享單車還是最方便的選擇。

說到花海長廊，最不能錯過的就是異木棉景觀區。廣州市花是紅色的木棉花，盛開的季節把整座山都染紅，因此又被稱為英雄樹。但異木棉就不同，它開出來的花呈浪漫粉紅色，又被稱為櫻花木棉。每年 2 到 3 月花開時，4700 株異木棉將 6 公里的長廊變成粉色花海，怎麼拍都美。

花海長廊5大特色驛站

1 號驛站 —— 藝術驛站

愛好藝術的朋友一定要來！這裏有藝術展覽廳，不定期舉辦各種展覽與文化活動，讓這條長廊不只是賞花、運動的地方，還充滿藝術氣息。

2 號驛站 —— 時光郵局

這裏有一間「時光郵局」，可以寄信給未來的自己！是不是很像電影情節？浪漫又有儀式感。順帶一提，裏面的小賣部與橫琴露營樂園星樂度合作，牆上滿是樂園吉祥物獅子的壁畫，非常適合打卡！

3 號驛站 —— 風之子俱樂部 & 野營區

這是國際化的騎行基地，經常舉辦單車比賽，也提供超大的野營區域（1 萬平方米）。設有食物清洗區、補給站，讓露營變得方便舒適。當天看到很多人來紮營野餐，有一家大小圍在一起燒烤，也有文青風的露營達人在河畔煮咖啡、放音樂，氛圍很 Chill！

5 號驛站 —— 冶野城市路營 & 最美日落點

設有 50 個營位，是橫琴最美的日落觀賞點！此外還提供機動零售、裝備租賃、食材與工具租賃，可輕鬆享受戶外生活。想試試戶外 Camping，但又不想準備太多裝備，這裏是完美入門點。

消失的 4 號驛站？

其實 4 號驛站即是橫琴芒州濕地公園。設有紅樹林生態區，吸引大量水鳥在此棲息，還有三座攬月觀景台，可 360 度欣賞橫琴的自然景色。

玩法推薦

- 走浮橋及棧道：沉浸式體驗水岸風光。
- 碼頭登船：划船遊覽紅樹林。
- 租腳踏車或電動車：太大不想走？騎車代步更輕鬆！

想找個地方能放鬆身心，又能讓小朋友盡情放電？那就來橫琴星樂度・露營小鎮吧！這裏不僅有大自然的山水環境，還有超好玩的樂園與各種特色住宿，讓你一邊享受大自然，一邊玩得超嗨！

橫琴星樂度露營小鎮 星奇塔無動力世界

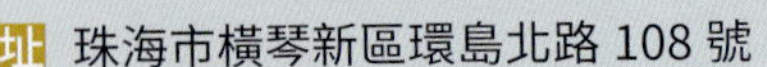

址 珠海市橫琴新區環島北路 108 號
時 週一至四 10:00~19:00、
週五至日 10:00~20:30、
內地法定假期 09:30~20:30
網 www.sumlodol.com
交 建議乘的士或自駕

露營小鎮坐落在珠海橫琴新區的西北角，四周風景秀麗，空氣清新，是個遠離城市喧囂、享受慢生活的好去處。而且它可不是普通的露營區，而是內地首個「自駕＋露營＋樂園」的新型渡假體驗！

這裏有哪些好玩的？

海盜船主題酒吧 ——
喝點小酒，享受異國風情！

沙坑遺跡樂園 ——
孩子們的天堂，隨便翻滾也不怕！

過百種進口遊樂設施 ——
刺激、趣味、親子互動全都有！

住宿選擇超多！

如果覺得露營太簡單，別擔心，這裏的住宿選擇多到讓人眼花繚亂！

房車自駕或租用原野房車

露營車主題房，體驗房車生活！

纖葉別院

外形像非洲森林茅屋，裏面是有冷氣的小木屋！

琴帆閣湖邊小屋

住在湖邊，享受靜謐悠閒時光！

星奇塔無動力世界——體力大考驗！

想體驗**不靠電力驅動的純天然遊樂設施**？那一定要挑戰露營小鎮第二期的星奇塔無動力世界！全部設施不需要電動機器，而是靠自己的身體去爬、跳、轉、盪，充分鍛煉小朋友的體能和勇氣！

帶着一家大小或和朋友一起來玩，不但能互相幫助，也能讓孩子們學會團隊合作，重點是——能耗光他們的電力，晚上直接倒頭就睡！

九大遊戲區，挑戰極限！

迷宮劇場

迷宮＋滑梯＋障礙賽，想逃出去可不容易！這裏絕對是「小孩的天堂，大人的地獄」，因為小朋友鑽來鑽去超輕鬆，大人就要狼狽地爬、躲、滾，想追上孩子難度是十級！

瑪雅歷險

繩網攀爬大挑戰，誰能最快通關？

小貼士

門票及訂房小攻略

- 露營小鎮本身是免費進場的！
- 星奇塔無動力世界的門票可以在現場購買，也可以在美團、攜程等平台提前預訂，還有優惠啊！
- 想休閒舒適一點，推薦訂希爾頓花園酒店＋樂園門票的套票，五百多元就能包含住宿、早餐和門票，超划算！

獨特賣點

- ☑ 可以住、可以玩、可以放鬆，一站式渡假！
- ☑ 比機動遊樂場更能體驗互動與運動樂趣！
- ☑ 適合家庭、親子、朋友組隊，一起享受美好時光！

環海競速

踩四輪腳踏車，享受不一樣的「F1」速度，老少皆宜！

水晶之塔

像摩天大樓的紮鐵工人，戴上安全裝備和繩扣，在高塔間行走，超刺激，比較適合成人。

珊瑚淺灘

沙灘椅上曬太陽，悠閒到不行！

長隆宇宙飛船的東門是遊樂園入口，西門則是宇宙飛船酒店位置，搭乘園內接駁車可輕鬆往返各大設施。

長隆宇宙飛船

址 珠海市橫琴新區富祥灣珠海長隆渡假區
時 10:00~18:00
網 www.chimelong.com/zh/

如果還沒聽過「珠海長隆宇宙飛船」，那就可能錯過了刺激的遊樂園體驗！長隆宇宙飛船耗資百億、歷時 12 年打造，以 650 米長的太空母艦為設計概念，不僅是全球最大室內樂園，還擁有世界級水族館與最壯觀的人造浪池！無論晴天雨天、寒冬酷暑，這裏都是遊玩的極佳選擇，是未來科技與海洋奇觀的完美結合！

遊樂區分為兩層，地面層以科普與動物展示為主，適合親子遊與深度學習體驗；二樓有機動遊樂設施、表演、購物與美食區，動感刺激應有盡有。

如何前往長隆宇宙飛船？

從香港出發

- **陸路：**乘車前往港珠澳大橋珠海口岸，轉乘的士直達橫琴長隆渡假區。
- **海路：**從港澳碼頭乘船到珠海九洲港，轉乘的士前往樂園東門。

從澳門出發

- 橫琴口岸、拱北口岸或青茂口岸有人均 RMB$30 票價的橫琴長隆觀光線，不過建議還是乘的士前往較方便。

宇宙飛船酒店禮遇

- 1,250 間房間，六大海洋主題設計，彷彿住進奇幻水世界！
- 住客可提早 1 小時入園，尤其適合愛拍照或想避開人潮的朋友！
- 住客可享門票與餐飲套餐優惠，省錢又方便！

購票攻略

- 提前一天在攜程等網絡平台購票，幾乎可省下一半！
- 家庭出遊可選「兩大一小」套票，價格等同兩張成人票！

探索15大主題區，從深海到外太空！

這裏的展區可不只是單純的「動物園 + 水族館」，而是結合了最新科技與保育教育的沉浸式樂園。

第一站：宇宙世界

進入這個區域，彷彿來到 NASA 太空基地。透過全息投影與巨型天幕，將會體驗一場超真實的升空旅程！

第二站：亞細亞星球

從澳門、珠海水域開始，介紹亞洲各地的淡水魚類，還能看到活生生的生蠔與彈塗魚。對於熱愛海洋生態的小朋友來說，是一個絕佳的學習機會。

第三站：雨林星球

真假動物共存的奇幻世界！貓頭鷹、鸚鵡與電動模型生物交錯呈現，真假難辨，超有趣！

第四站：峽谷星球

非洲主題區，能看到西非海牛、虎魚、象龜等獨特生物，還有一個「會說話的動物雕像」非洲美食廣場。

第五站：星際站台

超酷的打卡區，充滿星際風格的巨型雕塑，還有多個表演活動！

第六站：珊瑚秘境

印度太平洋珊瑚展示區，在這裏還能跟「珊瑚長老」對話，學習保育海洋生態！

第七站：海洋狂想曲

彷彿走進海洋生物的夜生活派對！想像一下，魚兒們在酒吧狂歡，這畫面真的超有趣！

第八站：驚鯊黑洞

進入「恐怖」或「更恐怖」的入口，會見到一比一還原的海洋巨獸，還有超珍貴的鯊魚標本展覽。

第九站：太空龍宮

這裏是機械巨龍的表演劇場，兩條巨龍會定時醒來一決高下！

第十站：鯨奇宇宙

全國最大的虎鯨保育基地，不僅可以看到鯨魚，還能學習牠們的生活習性，運氣好的話還能遇到新生小虎鯨！

第十一站：酷比之旅

這是一場裸眼 3D 燈光秀，帶你進入奇幻的視覺震撼世界！

第十二站：飛船美食廣場

不論是中餐、西餐還是特色小吃，這裏統統都有！

第十三至十五站：宇宙樂園、探索大學堂和星際補給站

位於二樓最刺激的機動遊樂區，分別有宇宙樂園、探索大學堂和星際補給站，其實即是室內遊樂園、虎鯨教學劇場和紀念品購物中心。

熱門設施之一是「深海潛艇」，可以搭乘內地首個「真．小型潛艇」，在園區內的水下展開一場深海歷險之旅！

遊園貼士

門票優惠：

提前購票省最多，特別是線上平台的親子套票和酒店套餐最划算。

最佳入園時間：

園內住客可提前一小時入場，避開人潮更好玩！

美食推薦：

飛船美食廣場內有珊瑚餐廳、小吃市集、水手自助餐廳等多個主題餐廳可以選擇。

深圳或香港旅客可在橫琴碼頭乘船直達蛇口，不僅節省時間，也省去穿越澳門的繁瑣程序。若行程中有安排前往珠海長隆，不妨提早半天，走訪紅旗村。

橫琴紅旗村

橫琴紅旗村是位於橫琴的古村落，毗鄰澳門，與澳門路環市區隔水相望，而鎮外的環島東路，亦是進入珠海長隆樂園的必經之路，遊玩時可以考慮一同遊玩。

紅旗村在近年最大的變化，莫過於原本極具人氣的小吃步行街已悄然退場。這條街曾是本地人與遊客的宵夜勝地，如今已不復見，令人不免感到可惜。隨之而來的，是橫琴海鮮街重新受到注目，成為紅旗村另一個美食據點。

現在的小吃街。

昔日的小吃街。

橫琴海鮮街以往一直鮮有人提，原因不外乎是價格與品質不一，經驗不足者容易「中伏」。不過，隨着平台如美團與大眾點評推出透明的套餐式海鮮組合，用餐體驗已逐漸改善。這樣不僅能預先掌握預算，也避免被不合理報價所困。

「一大、二肥、三白、四嫩、五脆」的橫琴蠔，是不少老饕專程前來的理由之一。雖然海鮮街上選擇繁多，但懂得分辨、願意冒險的食客，往往能在其中發現驚喜。

小貼士

用美團或大眾點評點套餐是最穩妥。這樣不僅能控制預算（避免吃完才知道價錢），還能吃到店家的拿手好菜。當然，味道怎樣還是要看緣分，也許這正是旅行中最有趣的小冒險吧！

隱世小景——相思瀑布

除了美食，紅旗村的相思瀑布也是值得一遊的小眾景點。位於橫琴島東麓，瀑布雖不大，僅約 20 多米高，但水流潔淨，周圍綠意盎然，夏日來訪尤其沁涼宜人。

瀑布下方建有簡約花園，栽植了各式觀賞花卉，視覺效果豐富，是喜愛自然與攝影的遊客放鬆身心的好去處。一旁還立有一塊葡文石碑，記錄了 1937 年葡萄牙人在此取水的歷史。

建議中午前來店，否則只能排隊排到餓扁！

頹記茶餐廳

址 珠海市香洲區橫琴鎮天河街 9 號一樓 02 號舖

時 11:00~20:00

交 建議乘的士前往

在紅旗村要找一間人氣爆燈的餐廳，其實不用太費勁，因為這間茶餐廳，真的太紅了 —— 紅到中午飯點還沒到就已經座無虛席，外面還排起小隊。

菠蘿包雞扒蛋的外皮金黃脆身，看起來精神得很。配上煎得剛好的雞扒和蛋，一咬下去脆中帶嫩，香上加香，味道層層堆疊，有驚喜。

傳統腸粉不是甜醬就是麻醬加辣醬三兄弟一起來。但這裏直接換成 XO 醬，瞬間把腸粉升級到「豪華會所級」，鹹香夠味又不膩，一口接一口停不下來。

這家店走的是新派港式茶餐廳風格。很多人會問：「橫琴不是靠近澳門嗎？怎麼不是澳門風格？」在這裏可以科普一下：香港人說的茶餐廳，澳門人多數叫咖啡室；前者吃餐要配港式奶茶，後者吃豬扒包配咖啡。所以這家店的靈魂明顯偏向港式，口味也比較大膽創新。

滑蛋叉燒飯的滑蛋夠嫩，洋葱炒得剛剛好，蛋像水面一樣閃閃發亮，隔着照片都能感受到那種「水波蕩漾」的質感。叉燒鋪得滿滿，加上自家製燒汁，每一口都濃香四溢。可惜的是菜式有點油。

這間茶餐廳之所以火紅，不只是因為好拍照，更是因為它把傳統港式經典玩出新花樣，味道有想法，賣相也跟得上時代。

澳門節日盛事推薦

如果計劃來澳門旅遊，以下介紹的節日不僅熱鬧，還可能有煙花表演或大型活動，絕對值得親身參與其中！更可以在本書介紹的賞煙花秘境，度過難忘時刻！

註：節日確實舉辦日期、時間與地點，以官方公佈為準。

適合旅客參與的澳門節日（附煙花表演資訊）

農曆新年

- **亮點：**舞龍舞獅、花車巡遊、廟宇祈福、煙花匯演
- **煙花地點：**澳門旅遊塔對出海面（通常在大年初三、初七和元宵節晚上舉行）
- **適合旅客：**這是體驗澳門最傳統熱鬧氣氛的最佳時機，各大渡假村酒店會有特別裝飾和表演。

澳門國際煙花比賽匯演（預計 9 月及 10 月）

- **亮點：**來自世界各地的煙花團隊，每週末輪流上演煙花秀
- **煙花地點：**旅遊塔對出海面（可在南灣湖、主教山、澳門科學館等地觀看）
- **適合旅客：**如果熱愛看煙花，這絕對是澳門最華麗的時刻！還能搭配國際美食節一起享受！

中秋節（10 月初）

- **亮點：**傳統燈籠會、品嚐月餅、夜晚賞煙花
- **煙花地點：**通常在中秋節翌日於旅遊塔附近施放
- **適合旅客：**感受澳門的溫馨節日氛圍，沿着龍環葡韻或路環海邊漫步賞月，超浪漫！

中華人民共和國國慶日（10 月 1 日 ~2 日）

- **亮點**：澳門與內地同步舉行大型煙花表演，還有國慶活動、升旗儀式
- **煙花地點**：旅遊塔對出海面
- **適合旅客**：這是澳門一年中最盛大的煙花表演，建議提前預訂觀賞位置。

澳門特別行政區成立紀念日（12 月 20 日）

- **亮點**：澳門政府慶祝回歸，設煙花、巡遊、音樂會等活動
- **煙花地點**：旅遊塔對出海面
- **適合旅客**：適合來澳門體驗本地的愛國氛圍，感受澳門與內地的深厚連結。

額外推薦的旅遊節慶

- **澳門美食節**（11 月中旬 ~12 月初）：結合無人機煙花，邊吃邊看超爽！

- **澳門國際幻彩大巡遊**（3 月下旬）：每年澳門文化局邀請本澳以及國際藝術團體來澳巡遊匯演，由起點大三巴牌坊至西灣湖廣場路皆可欣賞，場面熱鬧，氣氛歡騰！
- **塔石藝墟**（春季市集 4 月底至 5 月初，秋季市集 11 月）：本地手作市集，是買特色紀念品的好時機。

- **聖誕節**（12 月）：澳門的塔石廣場以及各大渡假村都設冬日市集，可感受濃厚節日氣氛。

總結：甚麼時候來澳門最好？

如果想體驗熱鬧的傳統節慶 + 煙花，農曆新年、國慶、中秋、回歸紀念日都是最佳選擇！如果單純為了煙花視覺震撼，那就一定要選國際煙花比賽（9-10 月）或國慶煙花（10 月 1 日），絕對不會令你失望！

Novas Atrações!

澳門

旅遊新情報

2025~26 最新版

著者
Leo@yoliving

責任編輯
蘇慧怡

裝幀設計・排版
鍾啟善

出版者
知出版社
香港北角英皇道 499 號北角工業大廈 20 樓
電話：2564 7511　　傳真：2565 5539
電郵：info@wanlibk.com
網址：http://www.wanlibk.com
http://www.facebook.com/wanlibk

發行者
香港聯合書刊物流有限公司
香港荃灣德士古道 220-248 號荃灣工業中心 16 樓
電話：2150 2100　　傳真：2407 3062
電郵：info@suplogistics.com.hk
網址：http://www.suplogistics.com.hk

承印者
美雅印刷製本有限公司
香港九龍觀塘榮業街 6 號海濱工業大廈 4 樓 A 室

出版日期
二〇二五年四月第一次印刷

規格
16 開（240 mm × 170 mm）

Published and printed in Hong Kong, China by Cognizance Publishing,
a division of Wan Li Book Company Limited.

ISBN 978-962-14-7583-1